Aujourd'hui l'islam

Sami Aoun

AUJOURD'HUI L'ISLAM

Fractures, intégrisme et modernité

MÉDIASPAUL

Médiaspaul reconnaît l'aide financière du Gouvernement du Canada par l'entremise du Programme d'aide au développement de l'industrie de l'édition (PADIÉ), du Conseil des Arts du Canada et de la Société de développement des entreprises culturelles du Québec (SODEC) pour ses activités d'édition.

 Conseil des Arts du Canada   **Canada Council for the Arts**   Patrimoine canadien   Canadian Heritage   Société de développement des entreprises culturelles Québec

Catalogage avant publication de Bibliothèque et Archives Canada

Aoun, Sami

    Aujourd'hui l'islam: fractures, intégrisme et modernité

    Comprend des réf. bibliogr.

    ISBN 978-2-89420-713-0

    1. Islam et civilisation. 2. Modernité. 3. Religion et politique. 4. Islam — Relations. 5. Civilisation islamique — 21ᵉ siècle. I. Titre.

BP190.5.C54A68 2007   297.2'7   C2007-940390-5

Composition et mise en page: *Médiaspaul*

Illustrations de la couverture (de haut en bas, de gauche à droite): © *BigStockPhoto. 1. Croissant sur le toit d'une mosquée à Saint-Petersbourg, photo MaleWitch. 2. Le livre du Coran et le Rosaire, photo Hamdan. 3. Marché de tapis au Maroc, photo Skafrica. 4. Gratte-ciels à Dubai, photo Styve.*

Maquette de la couverture: *Maxstudy*

ISBN 978-2-89420-713-0

Dépôt légal — 2ᵉ trimestre 2007
Bibliothèque et Archives nationales du Québec
Bibliothèque nationale du Canada

© 2007 Médiaspaul
        3965, boul. Henri-Bourassa Est
        Montréal, QC, H1H 1L1 (Canada)
        www.mediaspaul.qc.ca
        mediaspaul@mediaspaul.qc.ca

        Médiaspaul
        48, rue du Four
        75006 Paris (France)
        distribution@mediaspaul.fr

Imprimé au Canada — Printed in Canada

À Maguy,
avec ma gratitude

INTRODUCTION

Le présent ouvrage porte sur le débat, au sein de la culture musulmane actuelle, concernant plusieurs notions telles la modernité, la laïcité, les relations avec l'Autre (religieux), la citoyenneté et les droits de la personne, le statut de la femme, la violence, sectaire et autre, qu'elle soit justifiée ou non. L'objectif est de jeter un regard analytique et critique sur la discussion engagée entre les penseurs musulmans, de langue arabe, sur ces questions. Notre analyse veut souligner et éclairer les préoccupations des musulmans dans leurs relations avec la culture occidentale, ses valeurs démocratiques, la modernité et le libéralisme.

Il est manifeste que la culture musulmane actuelle est consciente des crises qu'elle traverse, de l'impossibilité où elle se trouve de récupérer de manière littérale sa propre tradition et du fait que les «valeurs» de la modernité ne sont pas applicables par imitation. L'innovation s'impose. Les enjeux de l'islam actuel sont de différents ordres et le débat intellectuel étant conditionné par le contexte géopolitique, il est nécessaire de faire une lecture rapide de ce contexte. De plus, on ne peut pas ignorer que l'islam est au centre de la culture arabe dont il nourrit les débats universitaires, socio-économiques et stratégiques. Il est également la principale source de légitimité des mouvements de libération, des rivalités internes et des luttes pour le pouvoir et l'autorité.

Notre démarche permettra de situer les points de vue d'intellectuels et d'écrivains musulmans actuels qui sont soit des clercs, soit des penseurs ou des juristes et savants (*fûqahas*). Le choix que nous avons fait des intellectuels et écrivains dont nous présentons les points de vue n'est évidemment pas exhaustif: il se veut représentatif. Bien que subjectif, ce choix demeure valable en raison de l'influence, du rayonnement, de la visibilité médiatique, des publications ou des appartenances politiques diversifiées de notre échantillonnage. Le débat actuel entre les musulmans montre tant bien que mal que les portes de l'*ijtihâd* ne sont pas totalement fermées. Personne, aujourd'hui, ne peut plus monopoliser l'islam et la prétention de parler en son nom a conduit à une certaine anarchie des *fatwas*, ce qui témoigne du fait que l'espace musulman est rebelle à l'imposition d'une orthodoxie et qu'il demeure, comme il l'a toujours été, pluriel et ouvert.

Nous sommes devant des penseurs activistes et propagandistes dont la plupart ne sont pas des juristes (de la *Chari'a*). Cependant, d'une part, ils sont influents et, d'autre part, on ne peut pas les enfermer dans des cadres rigides étant donné la mobilité de leur pensée et de leurs réflexions. De plus, on peut dire que leur cadre intellectuel est en rupture avec la *Nahda* (la renaissance arabe): la plupart de ces intellectuels n'ont pas écrit d'ouvrages universitaires ou scientifiques, leurs idées sont plutôt diffusées oralement ou à travers les interviews dans les médias. Ce qui a beaucoup joué en faveur de leur popularité.

Les thèmes abordés dans cet ouvrage vont du général au particulier:

— la *modernité*, car certains la décodent et l'analysent, alors que d'autres vont jusqu'à la rejeter;
— la *laïcité*, que certains milieux considèrent comme un sujet tabou, alors que d'autres l'appliquent. Son rejet par les uns s'oppose à l'éloge que d'autres en font;
— le débat sur la *démocratie* occupe aussi une place centrale dans la culture musulmane actuelle; les types de démocratie libérale et socialiste sont un sujet de critique et de controverse;
— la *citoyenneté* est une autre notion centrale dans la pensée musulmane contemporaine. Après la chute du califat et l'émergence des États-nations ou États territoriaux, l'ordre étatique règne dans des sociétés plurielles, pluriconfessionnelles ou plurireligieuses;

— les *droits de la personne et du citoyen* occupent aussi une place prépondérante, grâce notamment à l'universalisation accrue des chartes des droits et des obligations. Il est donc pertinent de souligner comment les tendances islamistes composent avec le pluralisme politique, le concept moderne de la citoyenneté et les exigences de fonder l'égalité et le droit à la différence;

— le *dialogue des religions* étant une tentative pour comprendre l'Autre et pour en élaborer une vision philosophique non dogmatique, il est appelé à dépasser les paramètres de confrontation ayant dominé le Moyen Âge des croisades et de l'expansionnisme musulman. La leçon civilisationnelle que retient l'histoire est la nécessité de composer avec l'idée de l'existence d'un Autre, dont les convictions religieuses sont différentes. Mais, il n'est point permis d'ignorer les exigences de la modernité pour faire aboutir le dialogue islamo-chrétien. Il est primordial de repenser les paramètres de ce dialogue pour le libérer de la controverse et de l'approche apologétique et anhistorique, afin de dépasser les pièges de la récupération fondamentaliste;

— la *violence*, qui est un fait quotidien, mérite elle aussi que nous nous y attardions. Violence étatique ou violence des groupes au nom de l'islam, elle demeure un lieu de réflexion critique. Le jihadisme tente d'imposer son monopole de l'interprétation de l'islam qu'il présente comme une idéologie contre l'Autre, et auquel il confère également l'image d'une contestation du pouvoir, ou pire, celle d'une justification d'éliminer toute pensée opposée;

— le *statut de la femme* suscite lui aussi de vifs débats, ses avancées substantielles (*al moudawana* au Maroc par exemple) méritent une mise en exergue, en dépit de l'inertie d'un projet égalitariste et libérateur.

L'ouvrage veut souligner le débat qui a cours entre les musulmans sur la relation entre la religion et le politique. Notre compréhension de l'islam et des musulmans est limitée principalement par un déficit de savoir sur cette culture ou par un savoir déformé. Aussi cet ouvrage a-t-il pour objectif d'éclairer les débats et les mises en garde des musulmans d'allégeances multiples et différentes; son but n'est aucunement de poser des jugements de valeur, il n'est ni apologétique ni défensif. Ainsi, l'un des objectifs de ce livre est de présenter les réflexions que suscite l'écart entre l'islam coranique idéal-type et l'islam historique et vécu, et la différence entre l'islam du catéchisme qu'enseignent les différentes écoles doctrinales et l'islam appris par la tradition et le poids de celle-ci. Sur ce point, les chapitres qui suivent prennent note des sensibilités et des choix existentiels qui sont reflétés ou projetés par les écrivains musulmans contemporains. Il est intéressant de suivre comment les musulmans ont essayé de réagir aux pressions occidentales sur leur destinée ou de composer avec elles, et de montrer les blocages qui en sont les effets et qui ont pour conséquence le rétrécissement de la liberté dans l'espace musulman.

Cet ouvrage s'adresse aux lecteurs francophones, aux communautés musulmanes et aux étudiantes et étudiants des cours sur le monde arabo-musulman actuel. Il s'agit donc de lecteurs inscrits dans une aire culturelle où l'islam n'est pas dominant. Le livre aborde les différents paradoxes, les divergences et les convergences que l'imaginaire musulman actuel retient entre la montée de l'intégrisme, la réislamisation de l'identité arabe, les exigences de la laïcité et la gestion de l'espace public selon les canaux politiques modernes.

Derrière les images que quelques médias privilégient, celle entre autres d'un islam intégriste, il y a lieu de percevoir un islam des Lumières. Il sera donc intéressant de montrer les efforts des musulmans pour établir des liens entre l'islam et la modernité en se libérant des dimensions polémiques.

En Occident, on s'interroge sur l'islam. Entre autres, les interrogations suivantes revêtent un caractère d'urgence:

— L'islam est-il porteur de violence contre l'Autre ou contre soi?
— L'islam est-il porteur de valeurs incompatibles avec celles qui fondent l'espace culturel occidental? D'une part, certains enseignements de l'islam sont-ils menaçants pour les démocraties occidentales? D'autre part, quelles sont les valeurs occidentales

fondamentales que les musulmans considèrent comme menaçantes pour l'«âme» de l'islam?

— Dans l'espace musulman, la reconstruction de la *Umma* virtuelle dans les imaginaires est-elle porteuse d'une menace contre les loyautés étatiques ou constitutionnelles?

— L'islam tolère-t-il une autre lecture que celle des intégristes et des traditionalistes? La lecture libérale et non littérale du texte sacré peut-elle trouver un fondement dans ce texte lui-même, ou constitue-t-elle une entorse pouvant entraîner un rejet ou une élimination de la religion?

— L'islam est-il par essence communautariste et encourage-t-il le repli sur soi et, de ce fait, invite-t-il au déni de l'individualité et à celui du fondement de la *polis*?

— Autre question qui se pose à l'imaginaire occidental: comment éviter de tomber dans l'amalgame entre islam et islamisme, et comment freiner la propagation de l'intégrisme sans heurter la foi des musulmans?

— L'islam encourage-t-il le renouement avec le monde?

— Peut-on trouver un fondement à la laïcité en islam? Sa visée est-elle alors une «désislamisation» de l'islam ou une émancipation de la religion?

Bref, cet ouvrage a l'ambition de souligner l'accentuation en terre d'islam d'un phénomène de métissage idéel accompagné d'une hybridité; c'est un phénomène qui est actuellement mal vécu mais qui commence à dessiner les grands traits de l'islam contemporain. Aussi adoptons-nous l'approche méthodologique d'une initiation respectueuse, de facture pédagogique, qui évite l'expression sensationnelle et le style provocateur. Malgré sa concision et ses limites, ce livre veut n'être pas réducteur de la richesse de la pensée musulmane contemporaine qui ne se traduit pas par une dichotomie moderniste/traditionaliste. Au-delà de cette division réductrice, il existe une multitude d'approches: postmoderniste, néo-salafiste, etc., qui animent les débats actuels en terre d'islam et dont nous voulons identifier et analyser brièvement les plus marquants.

LIMINAIRE[1]

570-632

L'islam prend naissance au VIIe siècle de l'ère chrétienne dans une région aride, malgré quelques oasis, du nord de la péninsule arabe, en marge des grandes civilisations. L'apparition et l'expansion de cette nouvelle religion est favorisée par les rivalités existant à cette époque entre deux empires riches et puissants, celui de la Perse et de Byzance qui dominent les régions environnantes. Par ailleurs, à l'intérieur de la péninsule arabique, l'islam apporte une réponse à la crise éthique et socio-économique qui secoue l'ordre tribalo-clanique.

Sur le plan régional, l'empire de Byzance administre les régions de la Syrie, de la Palestine et de l'Égypte actuelles, et l'empire perse celle de l'Irak (la Mésopotamie à l'époque). Les deux empires accusent un essoufflement militaire et sont aux prises avec diverses crises internes, notamment de succession. Ils sont, l'un et l'autre, incapables de répondre aux défis émergents des Arabes de la péninsule. De plus, leurs lignes de défense assurées par les arabes des régions frontalières à l'extérieur de la péninsule arabique, les chrétiens Ghassanides et Lakhmides, s'affaiblissent à un rythme accéléré. C'est à ce moment historique qu'apparaît le prophète de l'islam, Muhammad (Mahomet), dans la ville caravanière de La Mecque.

---

[1] Pour faciliter la lecture de cet ouvrage aux personnes qui ne connaissent pas l'histoire du Moyen-Orient, où est né l'islam, il nous paraît utile de brosser un tableau rapide du contexte géographique et historique de cet événement décisif et de l'évolution ultérieure de cette partie du monde arabo-musulman. Cela permettra de situer les problématiques abordées ensuite dans les différents chapitres.

Annonciateur d'un message monothéiste (la foi en un Dieu unique, celui d'Abraham), Mahomet exhorte les Arabes à se rebeller contre les injustices de l'aristocratie tribale et les incite à mettre fin à leurs divisions internes. En œuvrant au triomphe du monothéisme dans la péninsule, l'islam s'inscrit dans la continuité du credo biblique (la vie éternelle, le jugement dernier, le paradis et l'enfer, entre autres). Il réussit là où les juifs et les chrétiens de la péninsule ont échoué.

Sur le plan social et éthique, l'islam dénoncera avec véhémence les valeurs de l'«Âge de l'ignorance» (*jahilyya*), négatives et autodestructrices, comme la vendetta (*at tha'r*), l'infanticide (*wa'd al banat*), la polygamie illimitée, etc. Par contre, il préservera des valeurs comme la solidarité, la justice sociale, l'équité, l'intégrité, l'hospitalité. La prédication du message monothéiste abrahamique se poursuit au sein de la tribu Qoraish à La Mecque de 610 à 622. L'aristocratie tribale qorayshite rejettera l'appel de son prophète en faveur de la justice sociale et de la croyance en un Dieu unique. Le prophète qui prône une meilleure justice distributive est soupçonné d'être la voix des démunis. *Jésus ...*

Les détracteurs de Mahomet craignent aussi que l'islam mette en danger l'avenir du panthéon d'idoles de La Mecque, une ville-carrefour, polythéiste et animiste, dont les marchés (les souks) sont des points de rencontre, culturels et économiques, fortement prisés par les tribus arabes.

Aussi, le prophète et ses compagnons (les *Sahaba*) seront-ils contraints de quitter La Mecque pour se replier sur Yathrib (ancien nom grec de Médine) qui deviendra le refuge de la nouvelle communauté. Cet événement marque le début du calendrier musulman, l'Hégire (*Hijra*), 622 devenant l'an 1 et la date fondatrice du comput musulman. À Médine, le prophète n'est plus seulement l'annonciateur de la nouvelle foi mais aussi un juge qui arbitre les différends entre les membres de sa communauté, un stratège militaire et un homme d'État qui applique la législation nouvellement révélée.

Les exégètes de l'islam distinguent deux phases de la révélation coranique. Durant la période mecquoise, le prophète reçoit les versets du Coran (*Qur'an*, du verbe «lire» en syriaque) dans lesquels dominent les appels au repentir et à l'adoration d'un Dieu unique. Durant la période médinoise, les versets révélés mettent l'emphase sur la législation, la gestion de la cité et les fondements du système juridique. Ces derniers versets constituent la *Chari'a*, ultime référence de ce qui deviendra le système politico-religieux de l'empire musulman.

Après dix ans de conflits entre la communauté de Médine et les gens de La Mecque, Mahomet rentre victorieux dans cette dernière ville, où il meurt quelques mois plus tard après avoir prononcé les mots rapportés dans ce célèbre verset du Coran: «Aujourd'hui, j'ai parachevé pour vous votre religion, et accompli sur vous mon bienfait. Et j'agrée l'islam comme religion pour vous.» («La Table», 4)

L'islam apporte aux Arabes une nouvelle vision du monde qui les incite à s'unir et à fonder leur existence sur de nouvelles valeurs éthiques et sociales. C'est ainsi que, grâce à l'islam, les Arabes deviennent des acteurs décisifs du cours de l'histoire de l'ancien monde. Ils s'engagent dans la mission d'universalisation de leur foi par divers moyens dont les conquêtes ou campagnes (*foutouhates*).

Toutefois, très tôt après la mort du prophète, le religieux et le politique vont s'entremêler. Cet amalgame constitue la caractéristique principale et majeure de l'expansion musulmane. En effet, le prophète n'ayant pas de descendant mâle, le problème de sa succession entraîne le début d'une période de turbulence. Les clivages entre mecquois et médinois réapparaissent dans la lutte pour la succession. Mais les véritables divergences à ce sujet vont opposer deux clans. D'un côté, les adeptes de Ali (le gendre de Mahomet et l'époux de sa fille, Fatima), appelés les alides ou chiites: ils se réclament de la légitimité du califat d'Ali comme successeur de Mahomet à la tête de la communauté musulmane. De l'autre côté, ceux dont le choix électif au califat porte sur les autres compagnons du prophète, Abou Bakr et Omar: on les appellera les sunnites ou les orthodoxes.

Les Califes qui succèdent au prophète de 632 à 660, ceux qu'on a surnommé «les bien guidés», assurent la propagation de l'islam dans l'ensemble de la péninsule. Durant cette courte période, les

Arabes pénètrent aussi en Mésopotamie, à Damas, à Jérusalem et en Égypte, provoquant la chute des deux empires, byzantin et perse. Cependant, malgré ces succès fulgurants, l'islam est fortement secoué par la Grande Discorde (*Fitna*) qui survient à partir de 656, un point tournant de l'histoire dont l'impact politique et les séquelles dogmatiques demeureront. En effet, les guerres internes entre les *Sahaba* brisent alors définitivement l'unité de la communauté islamique. C'est ainsi que les deux branches principales de l'islam voient le jour: le sunnisme (majoritaire) et le chiisme (minoritaire), de même que différentes communautés et sectes.

L'arrivée du califat Omeyyade qui durera de 661 à 750 et dont le siège est établi à Damas, signifie la domination aristocratique arabe du clan des Omeyyades de la tribu de Qoraish. Ce nouveau pouvoir dynastique entretient une animosité contre Ali et sa famille qui va jusqu'à l'assassinat par le fils de Mu'âwîya, fondateur de la nouvelle dynastie, du fils de Ali et petit-fils de Mahomet, Al Hussein. De nos jours encore, les chiites commémorent avec une profonde tristesse le massacre de ce petit-fils du Prophète.

De Damas, les Omeyyades déclenchent une campagne d'arabisation des territoires conquis et mènent des campagnes d'expansion territoriale de l'empire (Afrique du Nord en 605, Espagne en 711 et jusqu'aux portes de Poitiers en 732, puis vers l'est jusqu'aux frontières de la Chine en 751) et des expéditions maritimes en Méditerranée. Cependant, les révolutions des nouveaux croyants non arabes secouent la domination des Omeyyades et mènent à l'instauration d'un nouveau califat, aussi arabe celui des Abbassides, de 750 à 1258.

Les IXe et Xe siècles (le 4e de l'Hégire), sous les Abbassides, constituent l'âge d'or de la civilisation islamique: prospérité, effervescence culturelle, création d'écoles théologiques et philosophiques, traduction du patrimoine grec. Cet essor est dû notamment au mécénat du Calife Al Ma'moun qui, durant son règne de 813 à 833, instaure la «maison de la sagesse» (*bayt al hikma*) de Bagdad. À ce titre, il faut signaler que la montée en puissance du monde musulman à cette époque n'a pas été seulement religieuse, militaire et politique, mais également intellectuelle et artistique.

La civilisation arabo-musulmane a constitué «un relais précieux entre la science antique et la renaissance européenne», selon les termes du philosophe Michel Serres[2]. En effet, le développement intellectuel et scientifique qui commence au VIIIe siècle se poursuit jusqu'au XIe. Cette expansion intellectuelle est marquée par l'adoption de la langue arabe par les penseurs et philosophes des territoires soumis aux musulmans. Au temps des Abbassides, Bagdad est le centre de cette activité intellectuelle et un lieu de rencontre des penseurs arabes, persans et indiens, chrétiens ou juifs, qui traduisent en arabe les œuvres grecques. Ainsi se sont développées les sciences, depuis l'astronomie jusqu'aux mathématiques et à la musique, en passant par la mécanique, la médecine, l'agriculture, etc. Bagdad devient alors «la maîtresse du monde», «le joyau de l'univers» comme la qualifie René Kalisky[3].

Toutefois, en 1258, l'invasion des Mongols provoque la décadence, surtout dans les régions arabes de l'empire. Déjà, à partir de la fin du XIe siècle et pendant tout le XIIe, les pays de l'islam sont touchés par le mouvement des croisades. Les dissensions internes s'aggravent alors que trois califats rivaux s'affrontent: les Abbassides de Bagdad, les Omeyyades de Cordoue et les Fatimides du Caire.

Après la chute de Constantinople en 1453, la montée des Ottomans turcs se confirme et, au début du XVIe siècle, les privilèges du califat seront entre leurs mains. Ils deviendront les défenseurs de l'islam sunnite. En même temps, en 1501, la Perse devient un centre de l'islam chiite sous les Séfévides.

Après une période de stabilité suivie d'une période de léthargie, l'empire ottoman ne réussit pas, au XIXe siècle, malgré des mesures de réorganisation (les *Tanzimats*), à rattraper le retard qui s'est creusé entre l'empire et la culture européenne montante. L'Europe s'impose sur la destinée du dernier califat. La dislocation s'effectue à grands pas. La Grèce conquiert son indépendance en

---

[2] Michel SERRES (dir.), *Éléments d'histoire des sciences*, Paris, Bordas, 1989.

[3] René KALISKY, *L'islam: Origine et essor du monde arabe*, Paris, Marabout, 1980.

1822 et l'Égypte obtient une large autonomie sous Mehmed Ali (1811-1849). En même temps, les Européens prennent pied dans le foyer de l'islam et ils occupent les territoires ottomans: l'Algérie en 1830, le Yémen en 1831, la Tunisie en 1881, l'Égypte en 1882. Ce grignotement de l'empire se poursuit par la révolution arabe, par les accords de Sykes-Picot de 1916 pour l'Asie mineure entre la France et la Grande-Bretagne, et par la déclaration de Balfour de 1917 pour la création d'un foyer national juif en Palestine. La poussée du nationalisme turc entraîne la fin du sultanat en 1923 et celle de l'ère califale en 1924. C'est ainsi que la civilisation musulmane est, depuis ce temps, privée de l'institution califale, symbole de son unité et de sa puissance.

La période coloniale qui s'accentue au XXᵉ siècle divise la région en plusieurs nouveaux États. Mais les pays arabes et musulmans acquièrent successivement leur indépendance: l'Égypte en 1922, l'Irak en 1930, la Syrie et le Liban en 1945, au moment du départ de la France de ces pays. Ailleurs, l'Indonésie, un pays musulman, devient indépendante à son tour. La période coloniale dans la région prend fin en 1962 avec l'indépendance de l'Algérie, laissant derrière elle une région affaiblie où subsiste cependant l'espoir de construire des États sur des structures modernes.

Cette période d'accession à l'indépendance, en est une de construction des États nationaux. Mais, à partir de 1948, la région doit faire face à l'État d'Israël soutenu par les États occidentaux. L'échec devant Israël et l'impossibilité de bâtir des États démocratiquement viables conduisent l'espace musulman à «expérimenter» des idéologies importées principalement de l'Occident: du nationalisme (avec sa variante nassérienne) au socialisme, en passant par le libéralisme mal appliqué. L'échec de toutes ces idéologies contribue à la naissance d'un courant religieux, l'islamisme (modéré ou extrémiste), qui parlera au nom des populations désabusées par la crise généralisée et par l'impasse qui marque la période post-indépendance.

1

L'UTOPIE DE L'UNITÉ DE LA *UMMA*:

l'ambition d'une superpuissance

Les difficultés qu'éprouve l'espace musulman à s'ériger en une puissance géopolitique à l'instar de la Chine et de l'Inde sont de différents ordres. Le diagnostic le plus marquant de cette impuissance stratégique, malgré l'importance du vecteur identitaire de la religion de l'islam, se situe dans plusieurs domaines et secteurs. Entre autres:

— L'échec de l'idéologie panislamiste à surmonter les divergences et les rivalités entre les États territoriaux qui se sont formés après l'effondrement de l'unité califale ottomane entre 1908 et 1924 par le fait de l'expansion militaire européenne et de ses visées coloniales et hégémoniques. Malgré les efforts soutenus de ses défenseurs, le panislamisme est resté sous le seuil des ambitions d'unité et de création d'un pôle musulman unifié.

— La crise de l'État national ou postcolonial dont la modernisation politique accuse, sauf de rares exceptions, un déficit: verrouillage des systèmes politiques dans un bon nombre d'États musulmans, persistance de la culture autoritaire et despotique. En d'autres mots, ce déficit de modernisation est une autre facette du déficit de la démocratie dans la culture politique dominante.

— Le déficit de sécurité alimentaire et le problème de la rareté de l'eau.

— L'illettrisme et l'analphabétisme, ainsi que la faiblesse de l'édition, le nombre de publications demeurant inférieur à la moyenne à l'échelle mondiale; par exemple: «En 1996, dans le monde arabe, on a publié moins de 1 945 livres de littérature et d'art, ce qui représente seulement le 0,8% de la production mondiale[1].»

— Le déficit industriel et une économie défectueuse. Le PIB global du monde arabe en 1998 — 531,2 milliards de dollars — était inférieur à celui de l'Espagne, d'après le *Rapport sur le développement humain dans le monde arabe* publié en 2002.

Cette problématique du sous-développement du monde musulman ou de la plupart de ses sociétés a hanté les esprits de ses intellectuels, depuis le début du XIXe siècle[2]. Ainsi, plusieurs explications ont été avancées pour élucider ce mystère de la décadence ou du retard (*al inhitat* ou *al ta'akhur...*) du monde musulman. Les penseurs islamistes affirment que c'est l'éloignement des fondements et des idéaux de la religion musulmane qui est la vraie cause de ce déclin. D'ailleurs, depuis Al Ghazali (1058-1111) et Ibn Taymiya (1263-1328) jusqu'aux contemporains toujours actifs tels Rached Al Ghannouchi et Youssef Al Qaradaoui (entre autres), c'est une idée centrale de leur pensée.

Dans une autre perspective, Al Kawakibi (1849-1903) par exemple, impute la cause de la décadence au despotisme (*al istibdad*). Selon lui, le despote et ses alliés qui sont à sa remorque,

---

[1] *Projet de Sommaire du Rapport sur le développement humain dans le monde arabe*, 2003.

[2] Devant la montée en puissance du monde occidental, et surtout depuis la campagne napoléonienne en Égypte à partir de 1798, les musulmans, masses et élites, s'interrogent sur les causes de la décadence du monde de l'islam. La question est de taille, puisqu'elle a occupé les esprits des penseurs de la *Nahda* (renaissance arabe) durant plus d'un siècle. En effet, au contact des idées politico-philosophiques européennes modernes, en particulier celles de la Révolution française de 1789 et des idéaux de la déclaration des Droits de l'Homme et du Citoyen, et grâce à Rifaa TAHTAOUI et son célèbre ouvrage *Takhlis al ibriz ila talkhiss Bariz*, le monde musulman va découvrir le hiatus entre le monde occidental et lui. Entre un monde libre, développé, et un autre sous-développé, sévissant dans l'esclavage. En effet, depuis leur apogée jusqu'au milieu du IXe siècle, les Ottomans ont régné en maîtres pendant plusieurs siècles sur un monde musulman affaibli, voire impuissant.

les religieux (*ûlémas* et *fûqahas*), sont responsables du maintien du peuple dans l'état d'ignorance et de superstition où il se trouve. Et Al Kawakibi ajoute que la liberté politique est la garantie et le fondement de tout progrès social et civilisationnel permettant de sortir de cette situation de sous-développement.

Par ailleurs, d'autres penseurs actuels: Mohamed Abed Al Jabri, Abdallah Laroui et Mohamed Arkoun ont proposé, chacun à sa façon, de rompre avec le paradigme du salafisme — un courant de pensée qui voit dans le retour à l'âge du Prophète le progrès, le développement et le salut du monde musulman —, pour épouser la philosophie des Lumières et le paradigme de la modernité dans une perspective kantienne.

Au-delà des différentes explications proposées sur le déclin du monde musulman durant les deux derniers siècles, une autre question s'impose actuellement. En effet, devant l'émergence des autres puissances dans le voisinage de la civilisation de l'islam, les penseurs arabo-musulmans s'interrogent sur *la possibilité que le monde musulman s'intègre au système international et devienne un pôle stratégique. Si oui, comment?*

Le monde de l'islam: réalités et données

Avant d'essayer de répondre à cette problématique, il paraît idoine de définir d'abord le monde islamique (ou musulman). Maxime Rodinson stipule dans son ouvrage *Marxisme et monde musulman*:

> On peut entendre par «monde musulman», l'ensemble cohérent de pays et de régions où les musulmans forment au moins une partie importante de la population. On peut distinguer, à l'intérieur de cette entité, un «bloc d'États musulmans» c'est-à-dire d'États indépendants à majorité musulmane, ce bloc forme en réalité deux groupes cohérents inégaux, le groupe malayo-indonésien séparé du groupe que forme tout le reste par une vaste région (Inde, Birmanie, Thaïlande, etc.) où l'islam est en minorité. Ce dernier groupe enserre deux îlots: Israël à majorité non musulmane et le Liban à moitié chrétien ou à faible majorité non musulmane, mais où l'éga-

lité fictive des confessions est postulée (plus Ceuta et Melilla chrétiens et espagnols). Les parties du monde musulman en dehors du bloc des États musulmans peuvent être tenues pour une frange extérieure de celui-ci[3].

Cette définition donnée par M. Rodinson en 1972 reste plus ou moins valable pour le monde musulman aujourd'hui, même si on trouve chez d'autres auteurs une définition plus large dépassant le cadre géographique. En effet, Abdelhadi Boutaleb stipule:

> Avant toute considération géographique, économique, sociale, nous pouvons définir le monde islamique comme étant celui de la mission universelle de Mohammed. Son message s'adresse à l'humanité toute entière [...]. La communauté musulmane en charge de ce message est constituée des groupes de musulmans établis à travers le monde et unis par la révélation mohammadienne[4].

Donc, pratiquement, on peut dire que le monde musulman actuel est formé par tous les pays adhérents à l'*Organisation de la conférence islamique* (OCI). Cette dernière compte cinquante-sept États[5]. Et d'après sa charte de 1972, ses principaux buts sont: la consolidation de la solidarité islamique entre les États membres; la coopération entre les États membres dans les domaines économiques, sociaux, culturels et scientifiques; l'action pour sauvegarder les lieux saints, la promotion de la coopération et la compréhension entre les États membres et les autres pays.

Dès lors, on peut s'interroger sur la situation actuelle du monde musulman concernant la puissance et la possibilité pour lui de devenir un bloc stratégique. Par commodité, nous allons essayer de

---

[3] Maxime RODINSON, *Marxisme et monde musulman*, Paris, Seuil, 1972, p. 26.

[4] Abdelhadi BOUTALEB, *Le monde islamique et le projet du nouvel ordre mondial*, Paris, PUF, 1995, p. 55.

[5] Ces États sont: Afghanistan, Albanie, Algérie, Arabie saoudite, Azerbaïdjan, Bahreïn, Bangladesh, Bénin, Brunei, Burkina-Faso, Cameroun, Comores, Côte d'Ivoire, Djibouti, Égypte, Émirats arabes unis, Gabon, Gambie, Guinée, Guinée-Bissau, Guyane, Indonésie, Iran, Iraq, Jordanie, Kazakhstan, Kirghizstan, Koweit, Liban, Libye, Malaisie, Maldives, Mali, Maroc, Mauritanie, Mozambique, Niger, Nigeria, Oman, Ouganda, Ouzbékistan,Pakistan, Palestine, Qatar, Sénégal, Sierra Leone, Somalie, Soudan, Suriname, Syrie, Tadjikistan, Tchad, Togo, Tunisie, Turkménistan, Turquie, Yémen.

traiter séparément mais brièvement le monde arabe, le Moyen-Orient non arabe, Turquie, Iran, et l'Asie du Sud-Est, Pakistan, Indonésie.

Le monde arabe

Depuis l'indépendance des États arabes, la population s'est largement accrue sans que les ressources aient augmenté elles aussi. Et le territoire est le même, ce qui risque d'affecter sérieusement la masse critique comme facteur de puissance, surtout qu'au sein de la population, l'analphabétisme des adultes reste supérieur à 50% et celui des enfants d'âge scolaire se maintient au moins à 10%[6].

Qu'en est-il de la modernisation économique et technique? En Asie arabe, comme au Machrek[7] ou au Maghreb, l'industrialisation reste faible et importée, privée en général d'une politique claire, et les industries pétrochimiques sont fortement freinées par les compagnies pétrolières et par le bloc européen qui protège ses marchés contre la concurrence. En fait, on peut parler d'un échec sensible de la modernisation économique et technique, et la faiblesse des chiffres dans tous les domaines témoigne à l'évidence des difficultés du monde arabe. En effet, «le taux de chômage est de 20%, le déficit alimentaire est de 13 milliards, ce qui signifie que l'autosuffisance alimentaire est d'à peine 50%. Le commerce arabe ne représente que 3% du commerce mondial. De plus, les pays arabes n'investissent que 1% de leur PIB pour la recherche scientifique[8]». En outre, «la dette qui, en 1975, était de l'ordre de

---

[6] Voir Mehdi Manjra, *La 1re guerre civilisationnelle*, Casablanca, Les éditions Toubkal, 1992.

[7] Le *Machrek* est un terme arabe, qui signifie «Levant» ou l'endroit du lever du soleil. Il désigne l'Orient arabe. Il comprend géographiquement l'Égypte, l'Irak, la Jordanie, le Liban, la Palestine, la Syrie. Le terme *Machrek* est utilisé par opposition à *Maghreb* (qui signifie en arabe l'endroit du coucher du soleil). Le *Maghreb* (ou Occident arabe) est composé actuellement de l'Algérie, la Libye, le Maroc, la Mauritanie et la Tunisie.

[8] Arafat Athaqi Alhoussaini, «L'économie arabe au XXe siècle», *Affaires stratégiques*, n° 2, juin 2000, p. 16-17 (en arabe).

21 milliards est passée à 84,5 milliards en 1984 pour atteindre 152 milliards en 1995[9]». En somme, «la conclusion évidente qu'on doit tirer de l'analyse de l'évolution économique des pays arabes au cours des vingt-cinq dernières années est *l'échec de leur insertion active dans le système capitaliste mondial*[10]». Dix ans après ces propos de Samir Amin, la situation n'a guère évolué.

Concernant le militaire, il est incontestable que les pays arabes sont parmi les plus gros acheteurs d'armes dans le monde. C'est au Moyen-Orient que les dépenses militaires ont connu la plus forte hausse: + 38% par rapport à 1993, d'après le *SIPRI Yearbook 2003*. En effet, le Moyen-Orient et le Machrek consacrent 7,2% de leur PIB aux dépenses militaires, alors que les États-Unis n'en consacrent que 3,1% et l'OTAN 2,3%[11]. Ce qui pèse lourd sur les budgets de ces États. Pourtant, les pays arabes ont perdu toutes leurs guerres contre Israël (excepté celle de 1973, que le penseur Abdallah Laroui taxa de défaite politique[12]). De plus, «la région du Golfe pétrolier [...] est placée directement dans la coupe de l'occupation militaire des États-Unis [...]. Elle est désormais séparée du monde arabe[13]», et par conséquent du monde islamique.

En ce qui concerne la stratégie et la volonté de former un pôle stratégique, les pays arabes dans le système bipolaire étaient soit dans le camp américain soit dans le camp soviétique. Dans le nouveau système, où les États-Unis essayent d'émerger comme seule hyperpuissance pour forger un système unipolaire, la situation reste plutôt floue, surtout après la troisième guerre du Golfe. Ainsi, il paraît clair que la stratégie et la volonté des pays arabes d'émerger

---

[9] Salmane Rouchdi Salmane, «Indicateurs pour l'avenir et réalités du monde arabe», *L'avenir arabe*, n° 282, juillet 2002, p. 94-95 (en arabe).

[10] Voir Samir Amin, *Les défis de la mondialisation*, L'Harmattan, 1996, p. 254.

[11] http://www.sciences-po.fr/cartographie/cartotheque/cartotheques/cartes_ diagrammes/monde/armes_armees/depmilitaires_pib99.jpg.

[12] Voir A. Laroui, *Les arabes et la pensée historique*, Centre culturel arabe, 1998, 4e édition, p. 11.

[13] S. Amin, *Les défis de la mondialisation*, p. 256.

comme puissance dans le système international actuel sont quasi inexistantes. Même si «le monde arabe recèle 62,4% des réserves mondiales de pétrole et 21% des réserves mondiales de gaz[14]».

Le Moyen-Orient non arabe

Les pays musulmans non arabes du Proche et Moyen-Orient ont connu, depuis le lendemain de la Seconde Guerre mondiale, des événements politiques importants: l'avènement de la révolution islamique en Iran, en 1979, et, depuis les années 1990, le retour en force des islamistes en Turquie. Ceci du point de vue politique, mais qu'en est-il des facteurs de puissance dans le système international?

Pour ce qui est de la masse critique, la population totale de ces deux pays dépasse les 100 millions d'habitants, dont 68,8 millions pour l'Iran et 71,3 millions pour la Turquie[15]. Leurs territoires sont relativement vastes[16] et riches en ressources naturelles.

Concernant l'économie, la Turquie connaît une croissance annuelle de 5,8%[17], une inflation élevée qui de 79,7% entre 1990 et 1995 est retombée à 25,3% en 2003[18]. Mais le progrès économique et social ne touche qu'une partie de la population. Et la dette extérieure s'est encore accrue, passant de 49,4 milliards de dollars en 1990 à 131,6 milliards en 2002[19]. L'Iran, par contre, est étouffé par une crise économique et sociale profonde. Ceci est dû, depuis 1980 essentiellement, au *Conseil de surveillance de la constitution* qui est devenu un instrument de blocage des réformes proposées par les parlementaires, sous prétexte qu'elles violent les préceptes coraniques: par exemple, la réforme agraire, la

---

[14] A. BOUTALEB, *Le monde islamique et le projet du nouvel ordre mondial*, p. 67.

[15] Voir *L'état du monde 2005*, La découverte, 2005, p. 242 et 540.

[16] 1 650 000 km² pour l'Iran et 780 000 km² pour la Turquie (*Larousse Universel*, 2002).

[17] *L'état du monde 2005*, p. 540.

[18] *Ibid.*

[19] *Ibid.*

nationalisation du commerce extérieur, le code du travail. En effet, l'Iran a connu un taux d'inflation de 17% en 2003[20]. Et pendant toute cette dernière décennie, les mauvaises nouvelles ont surtout été d'ordre économique et financier. La dette extérieure totale a atteint 9 154 milliards de dollars en 2002[21].

En ce qui concerne le militaire, nul doute que la première guerre du Golfe, qui a opposé l'Iran à l'Irak, a lourdement affaibli et l'Irak et l'Iran. Toutefois, ce dernier pays a pu dépasser sa crise et mettre au point son armée grâce aux techniciens des anciens pays de l'Est, russes notamment. D'ailleurs, les dépenses militaires ont absorbé, en 2001 par exemple, 4,8% du PIB[22]. Ce taux s'élevait déjà à plus de 6% en 1999. Il faut signaler au passage que l'Iran est dans la ligne de mire des États-Unis, et secondairement de l'Europe, à cause de son programme nucléaire. En effet, une puissance nucléaire hostile aux États-Unis dans la région n'est point désirable. Aussi risquera-t-elle de déstabiliser l'ordre régional et de le configurer en sa faveur. Car une polarisation des chiites de la région, dans un «croissant chiite», reste toujours probable. Quant à la Turquie, même si elle n'a pas connu de conflit majeur, étant gouvernée par les militaires, ce facteur de puissance, le militaire, est pris en compte dans les stratégies des dirigeants. Du reste, grâce à son armée et son armement, la Turquie compte comme puissance régionale. Ses dépenses militaires ont absorbé 3,3% de son PIB en 2003[23].

Enfin, la stratégie et la volonté de devenir de grandes puissances. Il est clair que ni la Turquie ni l'Iran n'ont cette volonté — et ils ne développent point de stratégie en ce sens. Néanmoins, ces deux pays possèdent des atouts en faveur d'une évolution. Il leur manque d'affirmer et de concrétiser leur volonté en élaborant des stratégies de moyen et long termes. D'abord pour progresser vers une démocratie politique et sociale valable pour

[20] *L'état du monde 2005*, p. 242.

[21] *Ibid.*

[22] *Ibid.*

[23] *Ibid.*, p. 540.

l'ensemble de la population, sans favoritisme ni discrimination (problèmes des Kurdes, et autres minorités). D'ailleurs, en dépit de la crise économique et sociale interne, l'Iran et la Turquie veulent s'affirmer comme des puissances au Proche et au Moyen-Orient. Ils se considèrent comme des modèles pour les autres pays musulmans, en se référant à leur passé «glorieux»: les séfévides pour l'Iran, et l'empire ottoman pour la Turquie. Mais aussi et surtout, dans le cas de l'Iran, grâce à la course à l'armement nucléaire. Ces deux pays ont choisi en fait des chemins différents. En effet, si la Turquie s'efforce de se distancier du bloc musulman et d'appartenir davantage au bloc européen, l'Iran, par contre, concentre ses efforts à reconquérir son influence sur la région du golfe.

L'Asie du Sud-Est

Les musulmans d'Asie du Sud, dont les principaux pays sont le Pakistan et l'Indonésie, dépassent les 400 millions d'habitants[24], dont 219 millions pour l'Indonésie et 153,6 millions pour le Pakistan. Donc, du point de vue de la masse critique, la population est très importante sur un territoire relativement étendu: 803 940 km² pour le Pakistan et 1 904 570 km² pour l'Indonésie.

Concernant l'économie, il est certain qu'il n'existe guère de différence entre les deux pays. Le Pakistan souffre d'une crise économique et sociale (le problème des réfugiés afghans depuis 1979 qui s'est accentué lors de la guerre américaine contre le réseau d'Al Qaïda[25], en 2001). De plus, «le Pakistan est très dépendant

---

[24] Voir *L'état du monde 2005*, p. 250 et 320.

[25] *Al Qaïda, le sunnisme, le chiisme et l'Iran*. Sur le plan religieux, Al Qaïda est fondamentalement sunnite radical. Idéologiquement, le mouvement adhère, à l'instar des ses chefs dirigeants, au Wahhabisme. Cette doctrine politico-religieuse s'est formée au milieu du XVIIIᵉ siècle. Elle est perçue comme l'application la plus conservatrice et rigoriste des idéaux de l'islam et de son éthique. La rigidité du Wahhabisme imprègne la pensée du mouvement par l'entremise de son chef, Oussama ben Laden et de celui de son second, l'Égyptien Ayman al-Zawahiri. Plusieurs mouvements politiques d'obédience islamique dans l'espace musulman,

des capitaux étrangers[26]». Et son industrie est basée essentiellement sur le textile. En 2003, le Pakistan a affiché une croissance de 5,5%[27]. L'Indonésie, elle aussi, affiche depuis ces dernières années une croissance économique ne dépassant pas 4,4% (4,1%, en 2003), avec un taux d'inflation relativement élevé de 6,6%[28]. Donc, pour qu'on puisse qualifier l'économie de ces deux pays de facteur de puissance et la compter ainsi, elle doit sortir de son état actuel de stagnation.

Pour ce qui est du militaire, nul doute que le Pakistan est une puissance militaire, grâce à la bombe atomique conçue pour répondre à l'Inde et pour maintenir un équilibre dans la région. D'ailleurs, le budget de la défense absorbe entre 4 et 6% du PIB (4,4%, en 2003). La situation est moins brillante pour l'Indonésie pour qui le militaire ne compte guère, du moins à l'échelle internationale. Ce pays a pourtant consacré jusqu'à 3,7% de son PIB aux dépenses militaires[29], surtout à cause de conflits internes.

En ce qui concerne la stratégie et la volonté de se développer en tant que puissance, le Pakistan étant absorbé par le conflit indo-pakistanais relatif au Cachemire, sa stratégie est concentrée sur sa volonté de devenir une puissance régionale face à l'Inde. De même pour l'Indonésie qui reste une puissance régionale, même si elle ne veut pas le devenir à l'échelle internationale. Sa préoccupation principale est, à l'instar du Pakistan, de maintenir son unité.

---

essaient de se tenir à distance d'Al Qaïda. Leurs moyens divergent largement de ceux de ce dernier. Le Hezbollah, mouvement chiite libanais, par exemple, essaie d'échapper au spectre d'Al Qaïda pour des raisons doctrinaires. Le sunnisme radical d'Al Qaïda n'accepte pas le chiisme duodécimain du Hezbollah et vice versa. Aussi, il s'avère difficile d'établir un lien entre les deux mouvements, malgré des rapports éventuels qui restent à confirmer entre des milieux iraniens et quelques figures d'Al Qaïda dont plusieurs dirigeants se terreraient en Afghanistan. Et ils seraient protégés par des services de renseignement iraniens.

[26] Voir *L'Année stratégique*, 2000.

[27] Voir *L'état du monde 2005*, p. 250.

[28] *Ibid.*, p. 320.

[29] *Ibid.*

Après ce survol des principaux facteurs de puissance des plus importants pays musulmans, il est utile de remarquer que ce vaste espace stratégique est traversé par deux traits dominants du point de vue géopolitique: les conflits avec ses voisins l'Inde, la Chine, la Grèce, la Russie, et les conflits internes, déclarés ou latents entre Iran et Arabie saoudite, Maroc et Algérie, Syrie et Liban, etc.

Le phénomène des conflits frontaliers et stratégiques dans l'espace musulman

Depuis la fin de la période colonialiste, au début des années 1960, l'espace musulman connaît des conflits frontaliers, avec de fortes tensions diplomatiques et idéologiques. Ces conflits sont une occasion de mobilisation des symboles identitaires et religieux et, en plus d'être instrumentalisés par les dirigeants de ces pays, ils drainent leurs ressources et affectent négativement les projets de développement économique et social. Nul doute que le conflit central est le conflit israélo-palestinien. Cette guerre qui dure depuis plus de cinquante ans est la seule cause qui divise et regroupe à la fois le monde musulman. Dans cet espace géopolitique, on ne peut éviter de souligner le déficit des mécanismes de résolution des conflits en général et de ce dernier en particulier. Parce que la résolution du conflit israélo-palestinien signifierait automatiquement leur départ, certains dirigeants l'instrumentalisent à des fins purement politiques et de survie de régimes, étant incapables d'atteindre une parité militaire et stratégique avec Israël.

Par ailleurs, d'autres conflits constituent une plaie pour cette partie du globe:

— Au Cachemire, où le conflit draine une grande partie des potentialités du Pakistan qu'il a beaucoup affaibli, surtout en politique étrangère, en l'obligeant à faire des concessions aux États-Unis pour les rallier à sa cause contre l'Inde, ou du moins garantir leur neutralité. Mais la normalisation des relations entre les deux pays en 2003 pourrait aboutir à un règlement définitif de ce conflit.

— Le conflit en Tchétchénie met en exergue un autre dilemme que doit résoudre le monde musulman. En effet, toute la question est de savoir si les États islamiques doivent aider les combattants tchétchènes parce qu'ils sont musulmans, ou s'ils doivent normaliser leurs relations avec la Russie, toujours sollicitée pour appuyer les causes arabo-musulmanes. Ne devraient-ils pas établir leurs relations avec la Russie sur des bases nouvelles, et considérer de nouveau comme un allié stratégique et économique ce pays qui cherche lui-même à émerger comme puissance dans le système international indépendante de l'Union européenne.

— Banda Aceh: le conflit armé opposant le gouvernement de Jakarta en Indonésie aux militants séparatistes du Mouvement Aceh libre (GAM), depuis 1976, risque de prendre des proportions plus grandes, surtout après la séparation du Timor oriental.

— Mindanao: deux groupes revendicatifs cohabitent sur cette île des Philippines, un autonomiste modéré (MNLF) et un indépendantiste islamique plus radical (MAILF, apparu en 1984). En 1991, le groupe Abbu Sayaf, entraîné par des extrémistes arabes, a fait parler de lui. D'ailleurs, Abbu Sayaf a négocié à maintes reprises la libération des otages occidentaux moyennant de l'argent.

— Le Sahara occidental: ce conflit, qui dure depuis 1975, a affaibli et le Maroc et l'Algérie. Ce qui retient l'attention, c'est l'absence de négociations directes entre les deux pays voisins. Ce qui montre une fois de plus l'échec ou le déficit dans l'élaboration des mécanismes de résolution des conflits entre pays musulmans aussi.

— Le Darfour: la guerre qui ensanglante le nord-ouest du Soudan depuis 2003 a provoqué une catastrophe humanitaire de grande envergure. En effet, les destructions, les villages rasés, la politique de la terre brûlée forcent les populations à la déportation.

D'autres sortes de conflits peuvent être retenus, ceux à caractère idéologique, qui ne vont pas jusqu'à la confrontation mais absorbent les protagonistes dans leurs étroits calculs politiques et idéologiques. Parmi eux, on peut citer les rivalités entre l'Iran et la Turquie, l'Iran et l'Arabie saoudite ou la Syrie et l'Irak. En fait, ces différents conflits, latents en général, mais qui risquent de dégénérer à tout moment, sont des rivalités pour un leadership régional, mais ils recèlent, au fond, un conflit historique et doctrinal dans le monde musulman. À titre indicatif, celui du chiisme, minoritaire dans l'espace musulman mais majoritaire en Iran, Bahreïn, Irak, etc., et du sunnisme. Ce conflit doctrinal lors de sa formation à l'époque des premiers califes, qui a dégénéré en conflit armé à plusieurs reprises dans l'histoire de l'islam, risque toujours de refaire surface si les circonstances le permettent. D'ailleurs, ce risque est toujours élevé en Irak et au Pakistan.

Après ce survol des principaux conflits dans l'espace musulman, que peut-on tirer comme conséquences? Nul doute que ces conflits servent plutôt à maintenir les dirigeants dans l'arène du pouvoir, en instrumentalisant la question nationale au détriment de la liberté. Et, donnant la priorité au «combat de libération» au service de la «nation», les pays sombrent dans un autoritarisme total. Aussi n'est-il pas étonnant que quelques régimes arabo-musulmans optent pour la militarisation et une vie politique surveillée de très près par les services de renseignements (*istkhbarat*) qui forment parfois «un État dans l'État».

Ces développements étant faits, qu'en est-il maintenant de la stratégie américaine dans la région?

L'espace géopolitique musulman dans le plan stratégique de l'hyperpuissance américaine

Après la fin de la guerre froide, les États-Unis ont émergé dans le système international comme seule superpuissance. Néanmoins, l'économie américaine reste vulnérable, vu sa dépendance énergétique. En effet, les États-Unis ont vu leur taux de dépendance pétrolière croître au cours des trois dernières décennies (35%, en 1973, 54%, en 2001). Ceci souligne la vulnérabilité de l'économie américaine à d'éventuels chocs externes. De plus, les États-Unis sont exposés au risque permanent d'une interruption partielle des flux, notamment en provenance du golfe arabo-persique du fait de la montée de l'anti-américanisme dans la région; c'est la raison pour laquelle cette partie du monde restera pour longtemps dans la ligne de mire de la politique énergétique des États-Unis.

En fait, les relations étasuniennes avec le monde de l'islam sont anciennes; il suffit de rappeler que les États-Unis se sont rapprochés de l'Iran du Chah après la destitution de Mossadegh, en 1953, des pays du golfe, et aussi du Maghreb arabe. Il est utile de rappeler aussi que les États-Unis ont cherché depuis longtemps à faire entrer leurs troupes dans cette région, ce qui s'est réalisé en 1987. Depuis, ces relations ont connu beaucoup de revirements, même si elles étaient normales pendant longtemps. Mais à partir du 11 septembre 2001, elles vont se tendre. Et une nouvelle conception de la défense va naître. Cette nouvelle doctrine est fondée sur le concept de la guerre préventive. Le rapport «Stratégie pour la sécurité nationale des États-Unis», paru en septembre 2002, ira encore plus loin, déclarant: «Nous devons être prêts à arrêter les États voyous et leurs associés terroristes avant qu'ils ne soient capables de menacer ou d'utiliser des armes de destruction massive contre les États-Unis, leurs alliés et leurs amis.»

Il est facile de remarquer ici que certains États musulmans étaient visés par ces propos, et qu'avec la Corée du Nord, ils constituent, dans la vision américaine, «l'axe du mal». En fait, la menace contre les États-Unis est un concept plus large, qui dépasse le cadre terroriste pour englober aussi la menace économique. Aussi, les priorités américaines de la région sont les suivantes:

— *La guerre contre le terrorisme*: ce combat a commencé contre Al Qaïda de Ben Laden et le régime des Talibans, qui l'abritait. Il continue actuellement en Irak, par un effet de glissement de champ de bataille hors du territoire américain, et peut englober éventuellement l'Iran et la Syrie. Il est évident que, dans cet affrontement, les États-Unis utilisent tous les instruments juridiques par le biais de l'ONU, jusqu'à extrapoler les textes onusiens suivant leurs propres intérêts.

— *S'assurer une présence dans cette partie du monde*: en fait, l'intérêt américain dans cette région s'inscrit dans la vision globale de la géopolitique américaine théorisée depuis le début du XXe siècle par Mahan et Spykman. En effet, ce dernier, s'inspirant du fondateur de la géopolitique classique, le Britannique H. J. Mackinder, pense que le monde a un pivot qu'il faut dominer. Dans la même perspective, ce bloc occupé par les pays musulmans serait à la fois une source d'énergie, pétrole et gaz naturel, et un espace stratégique pour contrer ou même arrêter une puissance comme la Chine.

— *Protéger l'acheminement du pétrole*: nul doute que les objectifs américains, soutenus par la force le cas échéant, dans cette région et partout ailleurs, trouvent leur explication théorique dans le courant réaliste prônée depuis les années 1960 par Hans Morgenthau[30]. Pour ce dernier, l'intérêt se définit comme un pouvoir. Il postule que c'est cet intérêt qui motive la conduite des nations et détermine leur politique étrangère et leur volonté de puissance, pour le protéger, voire l'étendre.

Toutefois, la politique américaine dans la région n'est pas fondée strictement sur la force, elle se base aussi sur ce que Joseph Nye appelle la *soft power*. Cette notion de puissance douce stipule que les États-Unis peuvent influencer la politique étrangère d'un État grâce aux élites «américanisées» de ce dernier. Ces élites peuvent elles-mêmes influencer les autres pour qu'elles soient plus ouvertes à l'Occident et à sa vision de la démocratie. C'est dans cette perspective que fut élaboré le projet du «Grand Moyen-Orient». Ce projet américain, adopté par le G8 et l'OTAN, a pour but le remodelage de la culture politique islamique pour la rendre plus conciliante envers la démocratisation, de manière à ce qu'elle soit moins hospitalière envers les mouvements activistes et violents anti-américains. Cet ambitieux dessein pour le monde musulman consiste en la démocratisation de ses institutions suivant le mode occidental. C'est-à-dire des élections transparentes, plus

---

[30] Dans son ouvrage *Politics Among Nations*, N. Y., Knopf, 1973.

de liberté et, bien sûr, une alliance avec l'Occident dans sa guerre contre ce qu'il appelle «le terrorisme».

Concernant le «Moyen-Orient», il faut noter que c'est surtout depuis le lendemain de la Seconde Guerre mondiale qu'on raisonne en fonction d'un ensemble géopolitique dénommé ainsi: près de 4 000 km entre les détroits turcs et la pointe sud-est de l'Arabie sur l'océan Indien ou entre la vallée du Nil et les confins de l'Afghanistan.

Le Moyen-Orient géopolitique actuel est composé de:

— trois grands pays périphériques: l'Égypte, l'Iran et la Turquie;
— des pays centraux du croissant fertile: l'Irak, Israël, les territoires palestiniens, la Jordanie, le Liban et la Syrie;
— des États de la péninsule arabique: Arabie saoudite, Bahreïn, Émirats arabes unis, le Koweït, Oman, Qatar et Yémen.

Toutefois, cette définition du dictionnaire de géopolitique n'est guère prise en compte par l'administration Bush. Pour cette dernière, le Moyen-Orient comprend tous les pays arabes et musulmans. Et sa géographie varie selon le contexte politique. Il est convenu de dire que le Grand Moyen-Orient s'étire du Bangladesh à Marrakech.

Ce grand projet a suscité de vives réactions de la part des élites politiques dirigeantes de ces pays, qui ont invoqué la menace islamiste si ce projet était appliqué, donnant l'exemple de l'Algérie des années 1990. Cette position réticente des élites politiques envers tout changement ne peut s'expliquer que par leur inquiétude de perdre les prérogatives et les privilèges que le pouvoir absolu leur confère. Aussi est-il légitime de se demander: ce projet de démocratisation ne serait-il pas bénéfique pour les populations vivant dans l'espace musulman? Ces dernières se trouvent en fait devant un dilemme difficile. D'une part, les États-Unis leur offrent un projet de démocratie et de liberté. D'autre part, ce sont ces mêmes États-Unis qui, dans l'inconscient collectif de ces populations, représentent le «mal».

L'administration américaine se trouve, quant à elle, devant un autre dilemme. En effet, n'est-il pas vrai que la guerre contre le terrorisme est menée contre d'anciens alliés tels que Saddam Hussein et Oussama Ben Laden? De plus, le «Grand Moyen-Orient» englobe en principe des pays alliés des États-Unis, les liens étant étroits entre la monarchie saoudienne et les grandes firmes pétrolières américaines. Le paradoxe américain se pose davantage en Égypte et au Pakistan. En effet, en imposant leur projet de démocratisation, les États-Unis risquent de perdre des alliés sûrs dans cette région. Concernant l'Égypte, le pouvoir en place a permis aux États-Unis de se retirer du conflit israélo-arabe, le *statu quo* ainsi maintenu étant profitable aussi aux Américains. Mais qu'adviendra-t-il de la situation au Moyen-Orient si les vents de la démocratie amènent des islamistes au pouvoir? Rappelons qu'au Pakistan, Al Qaïda est largement soutenue par les islamistes pakistanais qui sont appuyés par la population. Par conséquent, toute élection libre donnerait le pouvoir aux islamistes, ce qui signifierait à la fois la perte d'un allié stratégique pour les États-Unis et un gain pour Ben Laden.

Puisqu'il en est ainsi, peut-on parler d'un seul monde musulman formant un seul bloc stratégique?

La nostalgie de l'unité califale comme garante de l'unité du pôle géopolitique islamique

L'histoire et les savants écrits musulmans enseignent que le califat est la seule forme de pouvoir théorisée et développée par les théologiens musulmans. C'est le cas, par exemple, de l'ouvrage de Al Mawardi (972-1058) intitulé *Les statuts gouvernementaux*, qui a jeté les bases juridico-religieuses de la personnalité du calife et de ses pouvoirs.

Cette notion du califat consiste en un pouvoir absolu de droit divin, détenu par un seul homme, de la tribu de Qoraish, la tribu du Prophète de l'islam, d'après un célèbre *hadith* de ce dernier. On ne peut omettre de signaler au passage que cette notion est la pierre angulaire de la pensée islamiste depuis l'effondrement du califat ottoman. En effet, depuis le début du XXe siècle, les penseurs de cette mouvance prédisent le retour du pouvoir califal aux mains des Arabes en particulier. Ce qui a poussé des monarques Arabes à essayer de l'incarner ou du moins à espérer le faire. Notamment le roi Fouad 1er d'Égypte, dans les années 1920[31].

Il est intéressant de noter d'une part que, dans cette région du monde, les monarchies puisent leur légitimité de l'institution califale. D'ailleurs, des titres comme *Emir el mouminine* (Commandeur des croyants), au Maroc, ou *Khadim al haramein acharifein* (Serviteur des deux lieux saints), en Arabie saoudite, ou celui de descendant de la famille Hachémite (celle du Prophète), en Jordanie, servent à légitimer le pouvoir dans l'inconscient collectif des peuples. D'autre part, les régimes présidentiels arabes n'échappent guère à cette règle du pouvoir absolu. Certains présidents dans le monde arabo-musulman ont accédé au pouvoir en tant que révolutionnaires (Kadhafi, en Libye, les officiers libres, en Égypte). Mais leurs idéaux, épousés par leurs peuples, se sont vite éteints pour céder la place à la désignation à vie, au despotisme, aux calculs politiques restreints entre rivaux, et surtout au clientélisme et au népotisme. Et depuis la fin des années 1990, on assiste à l'érection d'un nouveau concept, celui de la «république héréditaire» ou «république dynastique». En effet, dans plusieurs États arabes, dont les régimes étaient fondés sur une idéologie révolutionnaire, tels l'Égypte, la Libye ou la Syrie, les présidents préparent leur progéniture à les remplacer au poste présidentiel à l'instar des monarchies. On aboutit ainsi à un verrouillage complet du système, qui ne tolère plus le moindre changement.

En somme, dans ce climat où le système politique est verrouillé, voire ossifié, où même l'opposition incarnée par des partis politiques dits de gauche devient un soutien pour le régime, et où toute tentative d'amélioration réelle est sévèrement réprimée, l'idée de

---

[31] Cette ambition du roi d'Égypte de l'époque a provoqué une vive réaction de la part de l'intellectuel religieux Ali ABDEL RAZEK qui a défendu l'idée de la séparation du politique et du religieux dans son court traité, *L'Islam et les fondements du pouvoir*. De par sa formation théologique (lauréat d'Al-Azhar), Ali Abdel Razek se situe sur le terrain même des défenseurs de l'institution califale, pour contester les *hadiths* qu'il juge trop abstraits pour légitimer cette notion du califat. Ce dernier, pour Abdel Razek, n'est pas nécessaire dans les temps modernes.

changement et de progrès devient chimérique. Pis encore, quelques dirigeants au nom du panislamisme ou du panarabisme tentent d'imposer des projets d'unité par l'intimidation, la force et le recours à la violence, assassinats, coups d'État, etc. L'exemple le plus cité est celui d'une République arabe unie entre l'Égypte et la Syrie, entre 1959 et 1961.

Débats entre intellectuels musulmans: répliques et réflexions sur et contre le message du 11 septembre

Paradoxalement, dans ce climat de stagnation qui règne à plusieurs niveaux, la vie intellectuelle dans le monde arabo-musulman connaît beaucoup de débats. Et ce, depuis la seconde moitié du XIXe siècle. Toutefois, ce qui nous intéresse ici est le débat actuel. Il faut remarquer aussi que ce débat n'a guère changé depuis la *Nahda* (renaissance arabe) au XVIIIe siècle. Mais certains intellectuels abordent actuellement cette problématique différemment, en tenant compte des nouvelles approches scientifiques apparues dans les sciences sociales[32]. En fait, ils abordent la problématique suivante: *comment rompre avec le passé?*

Les penseurs islamistes estiment que rompre avec le passé conduira les musulmans à leur perte, les plus radicaux d'entre eux stipulant qu'il est blasphématoire même d'y penser. S'appuyant sur un *hadith* du Prophète qui affirme que la situation de la *Umma* de l'islam ne peut s'améliorer qu'en suivant les pas du Prophète et de ses compagnons (*assalaf assaleh*: les ancêtres vertueux, d'où le mot «salafisme»), les penseurs islamistes voient dans l'éloignement des musulmans des us et coutumes de cette période la cause de leur

---

[32] Tel est le cas de Mohamed ARKOUN (*La pensée arabe*, Paris, PUF, 2003) qui, mariant plusieurs disciplines, considère qu'il est temps de démythifier le texte sacré en s'appuyant sur les acquis de l'herméneutique, la science des interprétations, pour dépasser la vision salafiste. Dans la même perspective, Nasr Hamid ABOU ZEID (*Discours et herméneutique*, Centre culturel arabe, 2000, ou *Critique du discours arabe*, Le Caire, Librairie Madbouly, 2003) prône une lecture historique et critique du Coran.

sous-développement. Et seul un retour aux sources de l'islam peut sauver la *Umma*. Ils ajoutent que cette situation des musulmans est un châtiment de Dieu, car ils se sont éloignés des préceptes de la religion.

Cette interprétation, qui ne tient point compte de l'histoire ni de l'évolution des rapports socioculturels à travers l'espace et le temps[33], n'est pas partagée par les auteurs et penseurs dits modernes ou laïcisants. En fait, ces derniers la rejettent totalement ou en partie, suivant la perspective de chaque penseur, et chacun donne son explication selon son champ d'études. Ce qui nous intéresse ici, ce sont les penseurs qui travaillent sur la pensée arabe tels Mohamed Abed Al Jabri, Mohamed Arkoun, Georges Tarabichi, etc. Ces derniers estiment qu'il est important d'étudier les mécanismes de la raison arabo-islamique pour pouvoir expliquer le sous-développement économique, politique et social.

En fait, la question qui se pose est la suivante: comment sortir du salafisme? Comment le dépasser? La réponse à cette question constitue un enjeu déterminant pour l'entrée dans la modernité. Pour Abdallah Laroui et Mohamed Abed Al Jabri, par exemple, ce passage au paradigme de la modernité implique une laïcisation des institutions sociales, économiques et politiques, et même des processus de pensée. Cette thèse est radicale chez Laroui, dont les référents historiques et intellectuels se situent dans l'Europe des «Lumières[34]» et le *sapere aude!* kantien. Par contre, elle est plus nuancée chez Al Jabri. Ce dernier croit trouver un horizon de la modernité dans l'histoire arabo-musulmane elle-même. En effet, pour Al Jabri, le philosophe arabe Averroès (1126-1198) est un exemple à suivre pour accéder à la modernité recherchée. Car par la rupture qu'il prône entre la religion et la philosophie dans leurs démarches respectives de la vérité, l'auteur du *Traité décisif sur*

---

[33] Notons qu'IBN KHALDOUN (1332-1406) a mis en exergue ce facteur de changement des sociétés dans son immense traité de l'histoire: *Kitab al 'Ibar* et en a défini les contours dans ses prolégomènes.

[34] Voir, par exemple, son ouvrage: *L'idéologie arabe contemporaine*, paru en 1967.

l'accord de la religion et de la philosophie ouvre une brèche sur le chemin de la laïcisation en économie, en politique et dans d'autres domaines que Al Jabri propose.

Après cette brève esquisse des principales réflexions sur la problématique de la modernité dans le monde arabo-musulman, il est convenable de noter que les changements actuels du système international, depuis 1989, ont profondément affecté la pensée arabe contemporaine. Ainsi, le 11 septembre de même que la guerre en Irak et son occupation ont fortement divisé les intellectuels arabes. L'image de l'Occident des «Lumières», porteur de la civilisation, a fait renaître dans les esprits de certains cette autre image: celle d'un Occident colonisateur et impérialiste. Pour d'autres, les États-Unis sont le salut du monde musulman, le *Deus ex machina* qui sauvera le monde arabo-musulman du despotisme «aveugle de ses dirigeants».

Mais, en fait, ces positions ne sont guère réfléchies, si on essaie d'analyser ces événements dans une perspective relationniste. En effet, d'une part, les États-Unis sont présents dans cette partie du globe pour sauvegarder leurs intérêts. D'autre part, les intellectuels qui ont refusé catégoriquement la guerre contre Saddam, ont indirectement fermé les yeux sur ses excès depuis la seconde guerre du Golfe, en 1991, jusqu'à sa chute en 2003. Par ailleurs, il paraît idoine d'esquisser la position des intellectuels islamistes. Plusieurs d'entre eux sont restés neutres devant la guerre contre Saddam. Mais une fois ce dernier écarté du pouvoir, les islamistes se sont prononcés contre l'invasion américaine et ont appelé au *jihad* (la guerre sainte).

Conclusion

Après cette esquisse des différents aspects géopolitiques et idéologiques du monde musulman, que peut-on conclure? A priori et pris séparément, les États formant le monde musulman actuel paraissent plus ou moins faibles. Toutefois, ce même monde musulman, considéré comme une seule entité — si ses États s'intégraient à la manière de l'Union européenne —, serait une puissance pouvant plus ou moins égaler les autres puissances du système international actuel à tendance polycentrique.

En effet, la masse critique du monde musulman est importante: le nombre des musulmans dépasse largement un milliard, sur un vaste territoire s'étendant de l'Atlantique au Pacifique, du Maroc à l'Indonésie.

Sur le plan économique, le monde musulman est riche en ressources naturelles avec plus de 50% des réserves mondiales de pétrole et de gaz naturel. Certes, son économie dépend de l'Occident et des sociétés multinationales depuis la mondialisation des années 1990, mais son autonomie en cette matière est favorisée par l'existence de pôles économiques tels que l'Indonésie, l'Iran, le Soudan, pour l'agriculture, et éventuellement la Tunisie ou les Émirats arabes unis, comme plate-forme financière.

À propos du militaire, les pays arabes, c'est vrai, ont certes perdu beaucoup de guerres[35], mais, s'ils étaient regroupés en un seul super État ou dans une organisation d'intégration, ils formeraient une puissance militaire. En effet, avec des États comme le Pakistan et ses armes nucléaires, l'Iran et son armement avancé, l'Irak et ses scientifiques et experts en armement, ainsi que l'Égypte, le monde musulman rivaliserait militairement avec les autres puissances du système international.

Quant à la volonté de devenir une puissance, elle n'est plus une avenue mais une nécessité, c'est-à-dire que le monde musulman n'a pas d'autre choix que de devenir une puissance dans un système international sélectif et carrément darwinien. Pour ce faire, toute une stratégie doit être développée, et doit être inscrite dans le paradigme de la rationalité. Ainsi, des réponses ou tentatives de réponses peuvent être avancées. En effet, pour arriver à souder un bloc tel que le monde musulman et l'ériger comme pôle stratégique, il faut d'abord passer par les étapes de l'intégration économique. Pour cela, il faut créer une sorte d'interdépendance

---

[35] On peut exclure ici la libération du Sud Liban par la résistance nationale, encadrée par le Hezbollah libanais, en mai 2000.

politique économique entre les États musulmans. C'est-à-dire que les échanges entre les marchés internes de ces pays doivent être considérés comme une nécessité, un besoin, et non comme une question d'humeur des dirigeants. Cette étape étant assimilée, les questions politiques pourraient être traitées avec la même rigueur. D'ailleurs, ces pays auront intérêt à les résoudre, puisque dans une intégration économique, il n'est point question de problèmes politiques, ou du moins ils doivent être minimisés. En fait, à un stade évolué d'intégration, ces problèmes politiques deviendront juridiques, pouvant être exposés devant des tribunaux spécialisés. L'étape suivante serait celle du militaire. Cette délicate question devrait être traitée au sein d'une organisation, à l'instar de l'OTAN, qui aurait pour but la défense collective des États musulmans. Encore faut-il noter que ces étapes d'intégration ne doivent point abolir les spécificités des pays membres, leurs cultures et leurs langues vernaculaires, sans oublier les droits des minorités.

Il est encore utile de noter que, d'après Norman Podhoretz[36], l'espace musulman sera le terrain de la quatrième guerre mondiale selon les néo-conservateurs américains. Cela reflète la priorité stratégique que le Moyen-Orient constitue pour les stratèges américains ou la zone cruciale que représente l'espace islamique. Le maintien par les États-Unis de leur position dominante dans le système international est tributaire de leur influence décisive sur cet espace. Le monde de l'islam apparaît comme un passage obligé au sens littéral et un lieu de ressources inestimables, une zone limitrophe des puissances rivales et surtout un terreau de culture non hospitalière à la démocratie et nourricière de l'anti-américanisme.

Dans une telle situation, il est certain que le monde de l'islam a un long et surtout pénible chemin à parcourir pour devenir un pôle, et les obstacles internes et externes sont immenses. Devant ces défis, pour le monde musulman, l'accès à la modernité est devenu une nécessité historique pour faire partie du concert des

---

[36] Norman PODHORETZ, «World War IV», *Commentary*, septembre 2004, p. 17 à 54.

41

nations, et son absence est la marque de sa vulnérabilité croissante.

Cet accès exige que plusieurs pas soient franchis. En effet, devant l'échec de toutes les politiques et les idéologies poursuivies dans le monde musulman, le combat n'est pas contre «l'Occident» mais ailleurs. Les leçons tirées de l'histoire, du panarabisme au panislamisme, qui sont restés au stade de l'élaboration théorique, en passant par la construction de «l'État national», qui a échoué lui aussi, montrent que la nécessité de regrouper le monde musulman sur des bases concertées et démocratiques passe surtout par un dialogue. Mais un dialogue libre, rationnel, et surtout distant de tout anathème (*al takfir*) prôné par les courants prétendument laïques (Saddam ou le *Ba'ath*...) ou par les religieux radicaux, ou encore par les activistes islamistes qui voient dans la démocratie une forme d'hérésie. Et ceci à travers la mise en exergue du rôle de la société civile musulmane, et aussi par une renaissance du rôle de la diplomatie de la Ligue Arabe et de l'OCI. Sans cela, dans un espace où la liberté individuelle et communautaire est déficiente, toutes les démarches pour propulser le monde de l'islam resteront lettre morte.

2

LA DÉMOCRATIE ISLAMISTE:

une voie d'avenir dans le monde arabe

L'ensemble des principes démocratiques a formé dans l'imaginaire culturel européen et occidental un corpus largement cohérent de ce qu'on appelle l'idéal démocratique, et une *doxa* ou un *credo* qui a plusieurs significations et dimensions. L'une d'elles consiste en une vision de la démocratie comme légitimant l'activité politique, celle surtout qui vise à faire prévaloir la volonté populaire. Cette dernière est en quelque sorte sacralisée, car, comme le dit l'adage bien connu, «le peuple ne saurait mal faire». De cette vision légitimatrice de la démocratie découle l'obligation de faire cohabiter la démocratie politique et la démocratie sociale. En d'autres termes, il s'agit de concilier deux valeurs fondatrices: la liberté et l'égalité. Montesquieu disait: «L'amour de la démocratie est celui de l'égalité.» Cette égalité citoyenne devient ainsi la pierre angulaire de l'édifice démocratique, mais, du même coup, la démocratie est fondée sur la liberté individuelle et la liberté devient le cœur palpitant de la ferveur démocratique. Cependant, les tentatives de l'idéal démocratique pour que cohabitent l'égalité et la liberté se concrétisent dans la démarche occidentale par plusieurs éléments fondateurs.

Un premier élément fondateur est la distinction entre le spirituel et le temporel qui s'est imposée en raison de leur rivalité — le pape contre l'empereur. Il a fallu sortir le religieux de l'espace public et le faire reculer dans l'espace privé. En même temps, il a fallu imposer des limites à l'arbitraire du prince qui risquait de s'alourdir. C'est ainsi que la démocratie occidentale est devenue une légitimation d'un pouvoir politique désacralisé. Même la réforme protestante, qui s'accorde sur le consensus de base que tout pouvoir vient de Dieu, postule ensuite que le pouvoir divin ne s'applique que par l'intermédiaire du peuple et selon ses intérêts. La démocratie devient ainsi une source inspiratrice du processus décisionnel et de l'art de gouverner, en même temps qu'un levier dans la construction de l'État moderne. Dans cet exercice démocratique, le respect des dimensions suivantes s'impose: le refus de la violence, l'alternance au pouvoir, le respect de la majorité, la séparation des pouvoirs, l'obligation de la pluralité des partis politiques et la régularité de la consultation populaire. L'attrait qu'elle exerce sur ses tenants et partisans est puissant, mais si les espérances que nourrit cet idéal ne se réalisaient pas à un niveau satisfaisant, l'élan de la démocratie pourrait être dépassé ou il pourrait même avorter.

À la lumière de ce survol sur la démocratie dans l'imaginaire occidental, il est important de souligner certains éléments du contexte culturel et géoculturel de l'espace arabe et musulman qui déterminent la réflexion sur la démocratie et ses applications actuelles et éventuelles dans cet espace. En effet, après la chute du mur de Berlin en 1989, l'idée que l'espace musulman demeurait une exception à l'existence de la démocratie dans le monde s'est propagée. Toutefois, une série de questions s'imposent.

La première porte sur la disposition de la culture islamique ou musulmane envers les idéaux démocratiques ou plus directement: est-ce que l'islam offre un terreau fertile, à l'instar du christianisme en Europe, à la transition vers la démocratie? Cette question est d'autant plus légitime qu'on peut se demander quelles sont les véritables intentions des grandes puissances, surtout celles des États-Unis, après le 11 septembre, derrière l'appel répété à la démocratisation du Moyen-Orient. En effet, on continue à craindre que cet appel à la démocratie ne soit qu'un maquillage ou un emballage de leurs entreprises expansionnistes, ce que semblent confirmer certains exemples d'interventions. Les réponses à ces interventions exemplaires varient selon les convictions et les interprétations des détenteurs du pouvoir, des chefs de partis, des activistes, des apologistes ou des intellectuels. Néanmoins, malgré la divergence des réponses, il demeure que l'espace musulman a appliqué des formes, institutions et principes différents du régime démocratique. Ces expériences historiques ne cachent cependant pas les rivalités qui ont fait reculer la démocratie dans la réalité et dans l'imaginaire de la culture arabo-musulmane. Les paradoxes sont préoccupants à cet égard. À titre d'exemple, le multipartisme au Yémen est récupéré par le système tribalo-clanique au détriment de la liberté et de la participation au processus décisionnel. Au Liban, le libéralisme souffre du confessionnalisme et du clientélisme. En Turquie, le «rouleau compresseur» du nationalisme turc défigure les aspirations de la minorité kurde et autres. La laïcité du régime tunisien n'a pas été suffisamment appuyée par une culture démocratique. Le moment libéral en Égypte s'est éclipsé et l'anémie des partis libéraux et leur effritement interne ne présagent pas un meilleur avenir pour les acteurs démocratiques.

Et puis, après les élections largement transparentes en Palestine et en Irak, la montée des groupes islamistes et nationalistes, peu soucieux et peu convaincus des valeurs démocratiques, jette beaucoup de suspicion sur la pertinence d'un processus démocratique qui écarte du pouvoir. Aussi le recul des partis laïques ou semi-laïques libéraux ou démocratiques a accentué les préjugés à l'égard de la destinée de la démocratie en terre d'islam.

La culture politique arabe traverse une période d'hybridation et de transition difficile qui rend la comparaison avec l'Europe peu pertinente. Le saut qualitatif qu'elle a tenté dans le sens du dialogue et de l'interaction avec la modernité politique a échoué. Cela a pris une allure dramatique après l'échec du monde arabo-musulman à se tailler le statut d'un acteur efficace et en interaction selon ses intérêts avec le système international.

L'incapacité des courants nationalistes à inclure les valeurs et idéaux de la démocratie est un des constats de la politique arabe et musulmane, au moins depuis la période qui a suivi l'accès de ces pays à l'indépendance. L'effort théorique dans le panarabisme et même dans le pansyrianisme et autres formes de nationalisme étatique n'a pas réussi à créer un climat de conciliation entre nationalisme et démocratie. Les mouvements nationaux étatiques étaient plus préoccupés de libérer leurs territoires ou de mettre fin à l'influence coloniale, ainsi que de conserver l'unité de l'État perçue le plus souvent comme fragile ou artificielle. Le respect des exigences de la démocratie, l'élargissement de la participation aux décisions politiques ou l'attribution des libertés individuelles ou communautaires n'étaient guère à l'ordre du jour. Les courants nationaux nassériens et baathistes n'ont pas su préserver le moment libéral que leurs sociétés ont connu durant les périodes de l'occupation ou des mandats étrangers et européens.

Dans ce contexte, est-il adéquat d'associer, au moins dans une perspective didactique, islam et démocratie?

Le concept de la *shûrâ* et les interprétations contemporaines

La religion musulmane se définit elle-même comme un ensemble d'obligations: la prière, l'aumône, le jeûne, etc. La démocratie, par contre, se définit dans son sens le plus large, comme un ensemble de droits. Toujours est-il que dans la culture arabo-musulmane, la notion de démocratie est généralement liée au concept de la *shûrâ* (concertation). Selon les cadres historiques auxquels ils se réfèrent, les intellectuels de l'espace musulman se divisent en trois grandes catégories: ceux qui récusent la notion de démocratie pour renouer avec le concept de la *shûrâ*, ceux qui essaient de concilier les deux notions, et enfin ceux qui invitent la raison politique arabo-musulmane à rompre avec la tradition et à intégrer la démocratie comme mécanisme de participation politique dans le système de gouvernement.

Cependant, il est approprié de signaler que la notion de *shûrâ* esquissée dans les textes sacrés (Coran et *Sunna*) diffère de celle que les islamistes contemporains ont établie dans leurs écrits et qu'ils ont extrapolée pour prendre en compte d'autres dimensions. Dans le texte et historiquement, la notion de *shûrâ* n'est guère claire, et d'aucuns la considèrent comme un concept religieux, récusant ainsi son implantation dans le paradigme de la modernité politique. De là s'impose une lecture, même brève, du concept de la *shûrâ* dans le Coran et les pratiques du prophète Mahomet, avant d'examiner les interprétations contemporaines qu'on en a faites.

Le terme de *shûrâ*, dont la traduction française la plus proche serait «consultation» et «concertation», figure dans deux versets coraniques seulement.

Voici le premier:

C'est par quelque miséricorde de la part d'Allah que tu [Muhammad] as été si doux envers eux! Si tu étais rude, au cœur dur, ils se seraient enfuis de ton entourage. Pardonne-leur donc, et implore pour eux le pardon [d'Allah]. Et consulte-les à propos des affaires; puis une fois que tu t'es décidé, confie-toi à Allah. Allah aime, en vérité, ceux qui Lui font confiance. («La Famille d'Imran», 159)

L'ancien exégète Al Qortobi considère la *shûrâ* comme un fondement de la *Chari'a*, mais restreint la consultation aux cercles des *Ûlémas* (les docteurs de la loi islamique). Al Tabari, quant à lui, n'est pas aussi précis et parle de la consultation de ses proches amis (*as sahaba*) par le Prophète dans les affaires religieuses (*dûnîa*) et temporelles (*dûniawia*). L'exégèse de Jalal al Din al Mahalli et Jalal al Din al Suyuti (*tafssir Al Jalalayn*), plus laconique, met en exergue la question de la consultation dans les affaires de la guerre.

Le second verset est le suivant:

[Et ceux] qui répondent à l'appel de leur Seigneur accomplissent la Prière, se consultent entre eux à propos de leurs affaires et dépensent de ce que Nous leur attribuons. («La Consultation», 38)

Ce verset aussi a reçu des explications diverses. Pour Al Tabari, toujours guère précis, la consultation porte sur toute affaire religieuse ou temporelle, et Ibn Kathir donne des exemples de consultation du prophète Mahomet à l'occasion des premières guerres: Badr (624), Ohod (625), etc.

Il est donc évident que les tentatives pour trouver un antécédent au concept de la démocratie dans les pratiques du Prophète de l'islam ne peuvent que s'avérer difficiles et peu précises. En effet, la conscience religieuse retient que les faits et dires du prophète Mahomet sont ordonnés par Dieu, parfois même concernant des événements sur lesquels le Prophète a consulté ses amis. Dans sa dernière période, le Prophète a tranché ces affaires en s'appuyant simplement sur la «Révélation». Par exemple, lors du *pacte de Hudaibiya*[1] que l'histoire présente comme un ordre divin auquel Mahomet s'est soumis bien qu'il se soit concerté avec ses compagnons et que plusieurs d'entre eux aient refusé ce pacte. En outre, la concertation que les califes de l'islam ont pratiquée n'était pas obligatoire; dans la plupart des cas, ils étaient maîtres de leurs décisions. Le terme même de *shûrâ* ne prête guère à l'obligation. Par ailleurs, cette concertation n'est pas propre à l'islam en tant que civilisation et religion. C'est une pratique propre à l'homme partout et en tout temps.

Démocratie et fondements du pouvoir en islam

En islam, la notion de concertation est entourée de plusieurs autres aussi importantes. En effet, le slogan *La hakimya illa lilah* (La souveraineté n'appartient qu'à Dieu), qui date du milieu de la Grande Discorde (*Fitna*), après la mort du deuxième calife de l'islam, Othman, en 655, faisait référence à la notion d'arbitrage. Mais on l'a extrapolé pour qu'il englobe aussi la notion du pouvoir; il stipulait que nul n'avait le droit de laisser remettre en question les préceptes divins par des humains. Le courant islamiste con-

---

[1] Hudaibiya: lieu célèbre près de La Mecque, où fut conclu, en mars 628, un traité entre le prophète Mahomet et les chefs de la tribu de Qoraish qui contestaient sa mission. Le traité permettait au prophète Mahomet et à ses compagnons d'effectuer le pèlerinage à La Mecque. Plusieurs compagnons du Prophète, dont Omar Ibn Al Khattab, se sont montrés critiques, jugeant que le pacte n'était pas à l'avantage des musulmans. Pour sa part, Mahomet a considéré la conclusion du pacte comme un ordre divin.

temporain qui reprend ce slogan aujourd'hui se base, comme le firent les kharidjites[2] aux premiers temps de l'islam, sur ce verset du Coran:

[...] Et ceux qui ne jugent pas d'après ce qu'Allah a fait descendre, les voilà les mécréants. («La Table», 44)

C'est le cas entre autres d'Abou Al A'la Al Maoudoudi (1903-1979) et de Sayyed Qutb (1906-1966). La pensée islamiste contemporaine essaie de distinguer l'État religieux de l'État islamique. Le premier est fondé sur l'idée de Dieu comme source du pouvoir, alors que le second est fondé sur la notion de Dieu comme source du droit, le pouvoir étant généré par la communauté (*Umma*). Ce qui entraîne nécessairement la dilution du concept du califat et son éloignement de la position centrale, au-dessus de la loi, qu'il avait dans la pensée islamique classique. En fait, dans cette perspective, les penseurs islamistes omettent d'analyser la fonction d'édiction des règles générales ou fonction législative. En islam, cette fonction législative demeure un privilège divin exclusif fondé sur la dualité du licite et de l'illicite. Les penseurs de ce courant islamiste traitent plutôt de la fonction exécutive qui pourrait ne plus être l'apanage du calife ou du gouvernant.

En réalité, cette confusion vient du fait que les écrits des érudits musulmans sur les questions du *fiqh* (la science de la loi islamique), de la politique et de l'administration [tels Ibn Taymiya (1263-1328) ou Al Mawardi (972-1058)] sont hissés au rang de dogmes qu'on ne peut ni analyser ni critiquer. Ces écrits sont également inclus à titre de tradition dans la philosophie de la législation.

Aussi, pour traiter adéquatement de la démocratie et de la *shûrâ* dans les écrits des penseurs islamistes contemporains, il faut

---

[2] Les kharidjites forment avec les sunnites et les chiites les trois principales branches de l'islam. Cette branche est née du refus de l'arbitrage entre Ali et Mu'âwîya à l'issue de la bataille de Siffin qui les avaient opposés en 657 et qui a été fatale pour la cohérence de l'islam originel. Ali y accepta l'arbitrage pour arrêter la guerre. En principe, partisans d'Ali, les kharidjites se sont retirés et ont condamné les deux camps (celui de Mu'âwîya et celui d'Ali). Ils ont postulé que «l'arbitrage n'appartient qu'à Dieu».

faire un détour par l'examen des idées de penseurs islamistes qui, sur ces questions, ont influencé l'ensemble du courant islamiste. En effet, un détour par les réflexions d'Al Maoudoudi et Sayyed Qutb sur la question de la démocratie et la *shûrâ* s'avère pertinent, voire nécessaire. En fait, le premier considérait que l'islam est une religion «démocratique» grâce notamment à la notion de la *shûrâ*. Ainsi, il était plus ouvert à la démocratie occidentale (malgré sa réticence envers ses applications, surtout en Inde) et proposait de l'adapter aux exigences des sociétés musulmanes. En fait, Al Maoudoudi voulait adapter la démocratie occidentale à la démocratie islamique qui inclut l'adhésion aux dogmes et aux valeurs de l'islam³. En outre, dans un autre ouvrage (*Le califat et la monarchie*), il affirme que l'État islamique est compatible avec le postulat de la démocratie selon lequel les gouvernants doivent changer quand le peuple le veut. De son côté et dans une perspective différente, Qutb s'opposait farouchement à l'idée de l'islam démocratique, et appelait à une «dictature juste». Il croyait à la faillite de la démocratie occidentale et il était persuadé qu'elle était vaine en Orient. Cette position de Qutb est largement reprise d'une façon ou d'une autre par le courant radical de la mouvance islamiste contemporaine. Celui-ci appuie sa critique de la démocratie sur son opposition à l'Occident «colonisateur et anti-islam», selon les termes du discours mobilisateur de ce courant. On peut donc considérer que ce discours verse plutôt dans l'idéologie que dans la critique objective du concept de démocratie, ce qui explique qu'il la refuse.

Ainsi, on peut avancer que cette attitude reste largement en retard par rapport à la position du penseur islamiste Malek Ibn Nabi qui, en 1960, affirmait que l'islam, en tant que religion qui s'oppose au despotisme, est compatible avec la démocratie. Cet auteur considère qu'il n'est pas pertinent de chercher à fonder la démocratie sur le texte sacré, mais que cette question relève plutôt de

---

³ AL MAOUDOUDI, *L'Islam face aux défis contemporains*, Koweït, Dar Al Qalam, 1971.

l'essence même de l'islam qu'il faut considérer comme un projet sociétal démocratique en soi[4].

Toutefois, le débat au sein de la communauté des intellectuels islamistes va s'ouvrir davantage sur la question de la démocratie sans l'opposer à l'islam en tant que religion. La controverse sur la démocratie occidentale est devenue plus calme et plus critique. En effet, depuis Hassan Al Banna, le guide spirituel des «Frères musulmans», le discours idéologique et politique de ce groupe est marqué par l'ouverture à la démocratie et au pluralisme politique. Al Banna a en effet utilisé le concept de la souveraineté divine (*hakimya)* (qui exclut, principalement, toute référence, dans la législation, aux sources considérées comme non musulmanes) pour l'envelopper dans un discours légaliste et tolérant. Selon lui, la notion d'*hakimya* est un principe organisationnel du pouvoir qui consiste à s'introduire dans la structure étatique et à s'ouvrir sur la société. C'est pourquoi Al Banna estime que les systèmes politiques occidentaux ne s'opposent pas à l'islam, et que la *shûrâ* est une «démocratie» quand elle est relue dans une perspective moderniste ne s'opposant pas à la *Chari'a*. Al Banna va encore plus loin en considérant que la *shûrâ* doit évoluer vers une forme institutionnelle qui puise sa légitimité dans l'appui de la société. Et l'introduction de l'idée de pacte par Al Banna et les Frères musulmans constitue une innovation dans la pensée islamique. Le pouvoir politique et la gestion des affaires publiques ne sont pas l'apanage du détenteur du pouvoir qui, en principe, n'a de compte à rendre qu'à Dieu, mais leur légitimité est fondée sur le pacte entre gouvernants et gouvernés[5]. En fait, plusieurs mouvements islamistes ainsi que leurs leaders et intellectuels ont adopté le discours d'Al Banna qui a englobé toutes les dimensions socio-économiques et politiques permises. Certes, le but principal reste

---

[4] Malek IBN NABI, *Al qadaya al kobra* (Les grandes questions), Beyrouth, Dar Al fikr Al'arabi Al mo'assir, 1991. Malek Ibn Nabi est mort en 1973. La maison d'édition a pris soin de rassembler plusieurs de ses études dans cet ouvrage.

[5] *L'ensemble des épîtres de Hassan Al Banna*, Beyrouth, Al Mouaassassa al Islamia, 1984.

l'islamisation de la société et de l'État, mais l'ouverture au pluralisme et à la pratique démocratique a largement accompagné leurs discours, au moins officiellement.

Le cas des Frères musulmans égyptiens est intéressant à mettre en lumière, car leur littérature idéologique reste généralement positive vis-à-vis de la démocratie occidentale (Hassan Al Banna: *Addine wa as siyyassa* [Religion et politique]). Cette association a accepté les règles du jeu politique, à l'exception des actes perpétrés dans le cadre de la violence entre les partis et les acteurs politiques qu'a connue l'Égypte pendant les années 1940. Les Frères musulmans utilisent adéquatement leur slogan officiel: «L'islam est la solution.» Ils s'appuient sur un discours religieux fondé surtout sur le prêche et la vie dans l'au-delà pour influencer les électeurs. En faisant l'éloge de l'État islamique, qu'ils n'ont cessé de revendiquer depuis leur apparition en 1928, les Frères musulmans égyptiens se sont spécialisés dans «l'islamisation» de la vie publique depuis plusieurs décennies. Il est utile de rappeler que leur idéologie versée dans les préceptes de la religion n'a pas constitué une entrave à leur participation dans des institutions étatiques que, somme toute, ils ne refusent pas, du moins dans leur forme actuelle. D'ailleurs, par leur participation active à la société civile, au moyen d'une aide médicale dans les écoles ou de la lutte contre la pauvreté et le chômage, ils se sont constitué un capital politique important qu'ils ont utilisé lors des dernières élections, même s'ils n'ont pas de programme politique clair. En effet, l'association des Frères musulmans a réussi à combler le vide laissé par le retrait où l'absence de l'État égyptien du domaine socio-économique à partir des années 1970. Plusieurs secteurs ont été assumés par les dispositions financières et organisationnelles des islamistes ainsi que par leurs actions bénévoles. Ce qui a créé en leur faveur un large réseau d'obédience auprès d'une grande partie de la population démunie. Certes, ces actions «islamistes» ne sont point politisées, mais elles ont servi le mouvement à travers la mobilisation continue de la population. Ils ont ainsi plus de latitude pour diffuser, à des fins politiques, leur discours et le rendre plus populiste. Le programme islamiste est concentré sur la réforme institutionnelle, les libertés publiques et le combat contre le clientélisme, le népotisme et la corruption dont souffre l'administration égyptienne. La perspective islamique demeure, même si leur position relativement à l'application de la *Chari'a* reste très vague, ce qui est considéré comme la zone grise du discours des Frères musulmans égyptiens.

Un autre penseur islamiste, Mounir Chafiq, épouse la même idée d'ouverture politique. Dans un ouvrage récent[6], Chafiq stipule que, dans les systèmes politiques démocratiques et pluralistes, la seule et meilleure issue pour les mouvements islamistes reste la participation politique et civile, l'acceptation de l'alternance non violente du pouvoir, la démocratie des urnes et l'ouverture sur les autres forces politiques. Pour Mounir Chafiq, ceci fait même partie des *maqâsid* (finalités) du message global de l'islam. Dans un autre ouvrage, Chafiq incite à agrandir le cercle de la *shûrâ* et la participation politique populaire à travers des institutions représentatives[7].

Dans une autre perspective, le penseur d'Al-Azhar, Mohamed Al Ghazali (1917-1996), postule que la démocratie ne se situe pas au même niveau que l'islam qui est une religion; la notion de démocratie vise l'organisation de la relation entre gouvernants et gouvernés. Or, puisqu'elle a été bénéfique à l'Occident en permettant de sauvegarder la dignité et les droits humains, il n'y a pas de mal à l'accepter en terre d'islam.

De même, dans plusieurs articles et ouvrages[8], Youssef Al Qaradaoui avance lui aussi que l'essence de la démocratie est compatible avec l'islam. Pour corroborer son point de vue, Al Qaradaoui donne des exemples de la *Sunna*. Il ajoute aussi que la démocratie repose sur le choix, par le peuple, de ceux qui vont le

---

[6] Mounir CHAFIQ, *Fi nazariat at taghyir* (Des théories du changement), Beyrouth, Centre culturel arabe, 2005.

[7] Mounir CHAFIQ, *Al 'ijtihad wa at tajdid fi al fikr al islami al mo'assir* (L'*ijtihâd* et le renouvellement de la pensée islamique contemporaine).

[8] Entre autres dans *Min fiqh ad dawla fi al islam* (De l'État en islam), Dar Aschourouq, 1997.

gouverner. Le peuple a le droit de changer ses gouvernants s'ils ne répondent pas à ses ambitions, et ceci, selon le penseur islamiste, est un principe fondamental de la religion musulmane. En fait, Al Qaradaoui tient un discours transcendant la réalité historique musulmane[9], pour se limiter aux préceptes islamiques tels qu'ils sont esquissés dans les textes et retenus par l'imaginaire arabo-musulman. Pour ce faire, et faute de texte clair ayant traité du gouvernement en islam, Al Qaradaoui procède par un raisonnement analogique (*qias*) à partir de l'*imamat* dans la prière (petit *imamat*): selon un *hadith*, un *imam* mal aimé ne peut guider les gens dans la prière. Al Qaradaoui généralise donc la morale du *hadith* à la notion du grand *imamat*, soit le gouvernement politique de la *Umma* et la gestion des affaires publiques. Par ailleurs, Al Qaradaoui insiste sur le fait que ceux qui prônent la démocratie ne s'opposent pas essentiellement au gouvernement de Dieu que, selon lui, tout musulman doit rechercher.

Mohamed Mehdi Chams Eddine exprime la même idée autrement dans sa thèse de la «tutelle de la communauté par elle-même». Plusieurs autres auteurs islamistes (Mohamed Salim Al Awa, Hassan Al Tourabi, etc.) également pensent que la démocratie, ainsi que les institutions qu'elle impose, est devenue une nécessité urgente dans l'intérêt des individus et de toute la communauté.

Dans cette même perspective, Rached Al Ghannouchi voit dans la longue tradition de despotisme dont a hérité le monde arabo-musulman depuis des siècles l'explication du refus par certains islamistes de la notion de démocratie. Il considère également que même l'absence d'innovation dans le domaine du *fiqh* et, par conséquent, le maintien des idées élaborées dans les premiers siècles de l'islam sont une sorte de despotisme et que celui-ci a constitué le cadre dans lequel la raison arabe a été amenée à se développer. C'est parce qu'elle est restée attachée à ce cadre référentiel despotique qu'elle a refusé la démocratie quand elle a été mise en contact avec cette idée et celle de liberté. Pour corroborer sa thèse,

---

[9] Même s'il donne l'exemple du calife Omar qui a ordonné à la petite communauté musulmane de le corriger dans sa gestion de leurs affaires générales.

Al Ghannouchi donne l'exemple de l'Afghanistan après le départ des forces soviétiques. En effet, selon le leader islamiste tunisien, l'absence de mécanismes démocratiques au sein de la communauté des moudjahiddines afghans qui renient la démocratie occidentale considérée comme une forme d'apostasie, a conduit le pays au chaos. Par ailleurs, dans un ouvrage écrit en collaboration avec Hassan Al Tourabi (*Le mouvement islamiste et la modernisation*), ce penseur va encore plus loin. Au nom de la liberté sociale, il accepte les partis laïques et même communistes. Il explique sa thèse, que ne partagent pas plusieurs mouvements islamistes, par la nécessité que le pouvoir tire sa légitimité de la société. De là, Al Ghannouchi appelle au dialogue au sein du monde musulman ainsi qu'avec l'Occident.

D'autres penseurs et intellectuels traitent de la question de la démocratie et de l'islam d'une façon plus claire. Le penseur islamiste Mohamed Salim Al Awa affirme que l'islam n'a jamais été contre le pluralisme politique et la démocratie. Certes, Al Awa atteste que le despotisme en terre d'islam est une vérité historique à ne pas nier; cependant, il ne relève pas de la religion mais des pratiques des despotes qui monopolisent la production du champ symbolique religieux. Dans un article intitulé «Le pluralisme politique dans une perspective islamique» (1991), le penseur égyptien énonce plusieurs principes fondamentaux pour instaurer la démocratie et le pluralisme politique en islam. Ce sont principalement: le peuple élit son gouvernant à travers la *shûrâ*; l'islam tolère les autres libertés, puisqu'il accepte fondamentalement la liberté du culte; tous les hommes sont égaux devant les droits et obligations; et finalement le détenteur du pouvoir est responsable devant le peuple. Mais dans un autre ouvrage, Al Awa précise que ce pluralisme politique ne doit pas s'opposer aux fondements de l'islam, et qu'il doit servir l'intérêt de la communauté[10].

Le penseur islamiste soudanais Hassan Al Tourabi, quant à lui, n'exclut pas les institutions et les principes non islamiques

---

[10] Mohamed Salim AL AWA, *Fi an nizam as siyyasî li ad daoula al islamia* (Du système politique de l'État islamique), 1989.

dans la gestion des affaires de la société musulmane tant qu'elle en a besoin, même si, de manière générale, la *Chari'a* joue un rôle déterminant dans sa pensée[11]. Il appelle aussi à un renouvellement de la pensée islamique et pose la liberté individuelle comme postulat nécessaire à la contribution des musulmans dans le monde actuel, auquel ils n'ont pas participé.

Toutefois, il est utile de rappeler que ces lectures islamistes optimistes et réconciliatrices (*taoufîqiâ*), selon les termes de Mohamed Jaber Al Ansary, étant reconnues, la *shûrâ* (consultation, concertation) n'est pas la reconnaissance d'un pouvoir mais seulement celle d'une compétence technique qui consiste à éclairer le dirigeant sans toucher à sa primauté au sein de la communauté. De plus, dans le référentiel traditionnel, la *shûrâ* fait partie de l'éthique et non des droits et des obligations. Ainsi, les mécanismes de la *shûrâ* et ceux de la démocratie diffèrent largement. En d'autres termes, si on peut dire que la démocratie peut accepter fondamentalement les mécanismes de la *shûrâ*, on ne peut considérer que cette dernière a atteint le niveau de la pratique démocratique telle que la connaît l'Occident.

Difficultés épistémologiques devant l'acceptation de la démocratie dans la culture arabo-musulmane

Il est légitime de se demander pourquoi la démocratie a échoué dans l'espace arabo-musulman, pour ensuite essayer de répondre à une autre problématique. En effet, devant la prolifération des discussions autour de la notion de la démocratie et des appels incessants à son application dans les pays arabo-musulmans, une question s'impose: pourquoi la culture démocratique ne s'est-elle pas instaurée dans l'espace arabo-musulman?

Il est évident que le premier obstacle à l'instauration de la notion de démocratie, au moins dans son acception occidentale, dans la culture arabo-musulmane, est le principe de la *bay'a* (allégeance),

---

[11] Voir, par exemple, *Renouvellement des fondements du* fiqh *islamique*, 1984.

qui semble paralyser tout débat de fond sur les mécanismes démocratiques du pouvoir. En effet, pour expliquer ce refus, plusieurs islamistes récusant la notion de la démocratie se réfèrent au Texte (*Al Nass*):

«Celui qui rompt son acte d'allégeance trouvera Allah [Dieu] le jour de la résurrection alors qu'il n'a aucun argument en sa faveur. Celui qui meurt sans s'être jamais lié par un acte d'allégeance [au chef légitime de la nation] meurt d'une mort païenne[12]», ou «Ô vous qui avez cru! Obéissez à Allah [Dieu], obéissez au Messager et à ceux d'entre vous qui détiennent le pouvoir» (4/59).

Selon le Texte donc, l'obéissance est imposée aux gouvernés, et certains penseurs (Al Mawardi, Al Ghazali et autres) vont jusqu'à l'ériger en nécessité et obligation, même dans les cas d'injustice et de despotisme de la part du titulaire du pouvoir en islam.

Ce principe de l'allégeance est souvent occulté, ou au moins contourné par les intellectuels islamistes nouvellement plus ouverts à la notion de la démocratie. En outre et par ailleurs, d'autres facteurs jouent contre l'instauration de la culture démocratique dans l'espace arabo-musulman. Parmi eux, on peut citer la structure même des sociétés arabes et musulmanes, qui ont hérité d'une longue tradition d'obéissance aux détenteurs du pouvoir. La culture fortement inscrite dans l'imaginaire arabo-musulman a entretenu cette obéissance depuis le noyau familial jusqu'aux plus hauts rangs de la hiérarchie sociale et politique. Certes, les projets de modernisation dans l'espace arabe ont essayé de rompre avec cette tradition, grâce notamment à leurs programmes d'éducation nationale, mais l'échec des États arabes devant les défis politiques, économiques et socioculturels a conduit à la faillite de la modernisation et, par conséquent, a déterminé la résurrection de la culture despotique connue dans l'espace musulman pendant des siècles durant et conduisant à une exclusion mutuelle entre les composantes de la société. Ceci a largement favorisé l'acceptation par le simple citoyen des idées développées en dehors du cadre démocratique et

---

[12] *Hadith* rapporté par Muslim, dans *Kitab Al imara*, Livre du principat, *Hadith*, n° 3441.

explique en partie l'accession de la quasi-totalité des régimes arabo-musulmans au pouvoir par des canaux autres que ceux imposés par la démocratie. En fait, cette culture «non démocratique» est alimentée par des croyances religieuses sous-tendues par un texte (Coran et *hadiths*), dont l'exégèse est restée l'apanage d'une communauté restreinte (celle des *Ûlémas*). Elle s'est octroyé par la force des choses une sacralité et une légitimité difficilement contestables. Ainsi, sous le poids du texte et devant l'échec des tentatives pour le contextualiser et le relire selon les circonstances historiques, plusieurs des composantes du discours islamiste refusent d'accepter la notion de démocratie en tant que vertu disponible à l'humanité dans les temps modernes.

3

LA LAÏCITÉ EN TERRE D'ISLAM:

exception, impasse ou horizon enchanteur?

En général, la laïcité désigne le principe de séparation, de la société civile et du religieux dans l'État, ainsi que le caractère des institutions qui respectent ce principe. Aussi, dans une société laïque, la croyance religieuse relève-t-elle de l'intimité de l'individu et de ses choix personnels. C'est cette même idée qui fut exprimée par le penseur réformiste Mohamed Abdou (1849-1905): «Pas de religion en politique, et pas de politique en religion.» On retrouve la même conception chez Saad Zaghloul (1859-1927): «La religion est à Dieu et la nation est pour tout le monde.»

Comment donc les penseurs arabo-musulmans actuels conçoivent-ils cette séparation des pouvoirs spirituel et temporel dans le référentiel traditionnel islamique et dans celui de la *Nahda* (la renaissance arabe)? Par commodité, nous ne traiterons que de quelques penseurs, ce choix ne pouvant être évidemment que subjectif. Notre choix peut cependant se justifier par le fait que ces intellectuels ont traité de la question différemment les uns des autres, que leurs idées sont diamétralement opposées, et que leurs tendances sont les plus représentatives de l'actuelle pensée politique arabe. Nul doute que la relation État/Religion est fondamentale dans la pensée arabo-musulmane contemporaine. La plupart des penseurs arabes et musulmans, de toutes tendances, considèrent la pensée de cette relation comme une condition essentielle de la réussite de la renaissance arabo-musulmane, voire de sa possibilité même.

La notion de laïcité est intimement liée à un ensemble de concepts complémentaires tels que la notion de propriété, la citoyenneté, le contrat social, la tolérance, la liberté, le progrès, etc. qui ont constitué le discours libéral des «Lumières» sous différentes formes. Ces notions sont apparues dans l'histoire européenne à travers des conflits historiques et théoriques (idéels) qui ont abouti à la Révolution française (1789-1799) en histoire politique, et à la philosophie des Lumières dans l'histoire de la pensée. Les conséquences de ces deux aboutissements sont connues dans l'histoire populaire, dans celle de la pensée, des sciences et des arts de l'Europe moderne et contemporaine. Donc, la laïcité est devenue un pilier de la vie quotidienne en Europe et la base des constitutions occidentales. La religion n'est plus un fondement pour l'État et elle n'est plus considérée comme un critère pour exercer un poste politique. Juridiquement, le statut personnel est intégré dans le Code civil (Code Napoléon, 1804) et l'enseignement ainsi que les médias sont indépendants de la religion (Loi Ferry, 1882).

Qu'en est-il maintenant du monde arabo-musulman? Au-delà des divergences dans la pensée arabo-musulmane sur l'origine de la laïcité, il est évident que ce concept a été synthétisé pour la première fois, à la fin du XIXe siècle et au début du XXe, dans le grand débat entre Mohamed Abdou (1849-1905) et Farah Antoun (1874-1922) sous le titre de «L'oppression en islam et dans le christianisme», paru dans des revues de l'époque *Al Jami'a* et *Al Manar*. En effet, c'est dans ce débat que furent introduits d'une manière structurée dans la pensée politique arabe contemporaine les concepts de laïcité, de liberté et de rationalité avec leurs racines philosophiques du siècle des Lumières. Le concept de laïcité a ainsi été utilisé pour faire face au débordement du religieux sur le politique et le civil. Certes, ce débat s'inscrit dans la foulée de l'appel à la laïcité de plusieurs intellectuels arabes, chrétiens et musulmans, dont le dénominateur commun est la référence à la pensée occidentale du siècle des Lumières. Mais cette référence s'est maintenue ultérieurement dans plusieurs débats. L'intellectuel libanais Farah Antoun y utilisa la notion de la laïcité, telle que l'a définie la philosophie des «Lumières», tout en mettant en exergue les objectifs de l'État et ceux de la religion. Pour lui, d'une part, la religion restreint la liberté, alors qu'à l'opposé, l'État moderne défend la liberté[1]. D'autre part, estime Antoun, la religion se préoccupe essentiellement de l'au-delà, alors que la mission du politique est la gestion des affaires de ce monde. Le principe de la séparation entre le religieux et le politique demeure le fondement de la modernité. La confusion des deux principes constitue un indice de la faiblesse du pouvoir politique. Par conséquent, il faut limiter le rôle des hommes de la religion, selon Antoun, dans la répression qu'ils exercent contre toute création de l'intelligence humaine, garante de tout développement.

Ceci étant, il est à noter les fortes ressemblances entre les contestations catholiques exprimées par le Vatican et celles des musulmans à l'égard de la laïcité. La loi française de 1905, où le terme de «laïcité» ne figure même pas, a été vigoureusement condamnée par le pape Pie X. Il a fallu attendre Pie XI, en 1924, pour qu'un «ralliement» survienne. Après la logique d'affrontement, l'obligation de la coexistence a prévalu. La papauté a reconnu, non sans difficulté, la liberté de conscience qui se fonde sur le principe de l'autonomie de la personne humaine et son droit à la vie privée. Ce qui est une reconnaissance de l'égalité entre croyants et non-croyants et de la nécessité d'une loi commune qui défende les intérêts communs. La raison d'État, sa neutralité et son autonomie ont eu préséance sur la raison religieuse.

La laïcité n'est plus considérée comme une mise au pas de la religion ou de la dépasser, mais plutôt comme une façon de mettre fin à la polarisation entre raison et religion, entre État et Église, entre loi divine et loi positive. Dans la culture catholique, cette évolution par rapport à la laïcité, du rejet inconditionnel de la laïcité à la confrontation avec elle et par la suite à son acceptation, n'est pas analogue à celle qui pourrait se produire en terre d'islam.

---

[1] Sur ce fameux débat, voir Kamal ABDELATIF, *Penser la laïcité: vers une reconstitution du champ politique dans la pensée arabe*, Afriquia A-charq, 2001.

Le refus de la laïcité par la pensée islamiste

Le débat musulman sur la laïcité est partagé entre, d'une part, le rejet total de la notion considérée comme radicale, antireligieuse, athée et exclusive, et d'autre part, la tendance à la considérer comme non exclusive de la religion et respectueuse de celle-ci. Le genre de laïcité dont certaines tendances musulmanes font la promotion se limite à la neutralité de l'État à l'égard de la religion. C'est une laïcité qui a pour but de favoriser la cohabitation de plusieurs religions et confessions et celle des fidèles de différentes croyances. À vrai dire, les musulmans qui rejettent la laïcité par crainte qu'elle devienne un référent universel au détriment des principes de la religion islamique, comprennent mal la distinction entre les deux référents universels: l'islam et la laïcité. Par contre, ceux qui appellent à l'adoption de la laïcité dans la gestion de l'espace public et étatique, la considèrent comme un moyen pour favoriser le débat public sur le statut de la religion.

Un peu plus d'un siècle après le débat Abdou/Antoun, le concept refait surface dans les discussions actuelles. Ce qui retient l'attention, c'est l'émergence dans certains discours et écrits islamistes d'une notion de laïcité vue comme un concept occidental et importé, donc interdit, voire anti-islamique ou même satanique (*al ilmania koufr wa rijsoun min a'mal a shaytan*). En effet, dans les cercles islamistes radicaux, la laïcité est présentée comme un athéisme ou, dans le meilleur des cas, comme étant en conflit avec la religion musulmane. La thèse de «L'islam est à la fois religion et État» (*al islam dinoun wa dawla*) revient toujours comme un leitmotiv dans les écrits de ce courant[2].

Dans une étude comparative entre l'islam et la laïcité[3], le penseur islamiste Youssef Al Qaradaoui affirme que cette dernière est en contradiction avec la religion islamique et qu'elle ne peut

---

[2] Mohamed Saïd AL ACHAMOUI, *L'islam politique*, Casablanca, An-najah al-jadida,1991, p. 190.

[3] Youssef AL QARADAOUI, *At tatarrouf Al 'ilmanï fi mouwajahat al islam* (L'intégrisme laïque face à l'islam), Dar As-chourouq, 2001.

réussir à s'implanter en terre d'islam, étant donné que l'idée «augustinienne» des deux cités, la céleste et la terrestre, n'a point de place dans le système symbolique islamique où tout est religieux, l'État et la société. Cette dernière idée est exprimée par un autre penseur islamiste, Mohamed Aamara, de la manière suivante: «Le discours qui porte sur le droit de Dieu porte sur le droit de la société.» Aussi, selon lui, il n'y a «point de place pour la laïcité en islam et point besoin de cette notion pour les musulmans». D'un autre côté, Al Qaradaoui affirme que si la laïcité tolère l'islam en tant que relation entre un être et son Créateur, l'islam, lui, ne permet pas que dans sa «terre» (*dar al islam*) il ne soit que toléré ou permis par des lois positives. Ainsi, pour l'intellectuel traditionaliste, en terre d'islam, la religion en tant que système de valeurs doit être un objet de culte et de vénération. Le dogme constitue l'âme de la vie et exprime l'essence de l'être: *a'qida* [al islam] *rouhou al hayat wa jaouhar al oujoud*[4]. De plus, ajoute Al Qaradaoui, la notion d'appartenance à la communauté musulmane basée sur la tradition islamique des croyances est fondamentalement récusée par la laïcité qui lui substitue des notions comme la nation, le sang, la terre, etc. En islam, au contraire, le dogme transcende toute autre notion susceptible de jouer ce rôle d'appartenance. Signalons également que Al Qaradaoui reproche au système laïque de refuser d'accorder une place à l'adoration de Dieu qui, dans le système monothéiste islamique, constitue la finalité de l'être en général et sa mission sur terre.

Une autre divergence entre le système laïque et celui de l'islam réside dans la question éthique. D'après Al Qaradaoui, l'islam est un ensemble cohérent de dispositions éthiques ordonnées à l'élévation de l'être humain au-dessus de ses désirs charnels. C'est pourquoi il interdit, par exemple, toute relation sexuelle libre, et la considère comme le degré zéro de l'éthique humaine. Alors que la laïcité l'accepte au nom de la liberté et l'intègre en tant que droit naturel de tout citoyen[5].

---

[4] *Ibid.*, p. 29.
[5] *Ibid.*, p. 43-46.

Toutefois, le grand désaccord entre les deux systèmes, selon Youssef Al Qaradaoui, se situe au niveau de la législation. En effet, la laïcité, en tant que système de valeurs universelles, interdit à toute religion, donc à l'islam, de légiférer et d'instaurer des lois pour une société qui se veut laïque. Aussi, dans la pensée islamiste, la laïcité ne peut être acceptée en terre d'islam, car elle soustrait à Dieu un droit qui lui appartient (la législation) pour le donner à l'homme. Ceci est inacceptable, affirme Al Qaradaoui.

Mohamed Aamara, quant à lui, estime que les défenseurs de la laïcité dans le monde arabo-musulman, tout en se considérant eux-mêmes comme musulmans, forment un courant de pensée «étranger» à la culture de l'islam. Pour ce penseur islamiste, la laïcité en terre d'islam constitue non seulement une rupture entre la religion et l'État, mais également un «complot» contre la *Umma* musulmane. Elle vise à l'isoler et la couper de ses racines civilisationnelles et religieuses, voire à reléguer cette communauté dans l'ombre de la civilisation occidentale.

Ceci étant, il est à préciser que le courant islamiste qui, dans la pensée arabo-musulmane contemporaine refuse la laïcité, ne développe guère une critique rationnelle du concept, mais il adopte une position idéologique d'opposition à tout le référentiel qui l'a engendrée et élaborée.

Dans la même perspective, un autre penseur islamiste, Tareq Al Bichri, stipule que l'Occident a accepté le système laïque, car la laïcité est l'essence même du christianisme. On cite le plus souvent, en l'extrapolant historiquement, la parole de Jésus: *Rendez donc à César ce qui est à César et à Dieu ce qui est à Dieu* et la fameuse formule de saint Augustin: «Deux amours ont fait deux cités: l'amour de soi jusqu'au mépris de Dieu, la cité terrestre, l'amour de Dieu jusqu'au mépris de soi, la cité céleste.» Pour Al Bichri, la laïcité n'est qu'un retour aux sources pures de la religion chrétienne. C'est ainsi que la laïcité en tant que séparation entre le religieux et le politique est une doctrine religieuse. Elle constitue une partie fondamentale de la théologie chrétienne qui la première l'a introduite dans le paradigme monothéiste alors que le judaïsme ne la connaissait pas et qu'ultérieurement l'islam non plus ne la connaîtra pas.

L'idée qui reste centrale dans le discours d'Al Bichri est la référence à l'histoire du Moyen Âge en Europe, période au cours de laquelle cette partie du monde a connu un certain pouvoir politique de l'Église et de ses hommes. La laïcité a été le moyen de confronter cette ingérence du spirituel dans le temporel, considérée comme un éloignement des préceptes de Jésus Christ. Al Bichri et d'autres penseurs avec lui estiment que l'histoire musulmane est différente de celle de l'Europe. Il ajoute que la laïcité, qui écarte la religion de la politique, laisse intact le christianisme, mais elle affecterait l'islam dans ses fondements.

Rappelons que le penseur et philosophe moderniste et laïcisant, Mohamed Abed Al Jabri a largement développé cette idée. Il récuse même le mot de «laïcité» (*'ilmania*), et propose de le remplacer par ceux de «démocratie et rationalité[6]». Al Jabri lui-même affirme que le système laïque est incompatible avec la culture arabo-musulmane, car cette dernière n'a jamais connu l'institution de l'Église. Selon cette thèse, la laïcité est le propre d'une société où la relation entre Dieu et les hommes passe par un tiers (les hommes d'Église, le sacerdoce). Ce tiers est lié fonctionnellement à une institution religieuse supérieure, considérée comme seul législateur dans le domaine spirituel. Pour la religion musulmane, cette relation est directe entre les hommes et Dieu. En islam, il n'y a pas un pouvoir politique et un autre spirituel. C'est pourquoi, selon Al Jabri, l'introduction dans la société musulmane du concept de la laïcité tel que le connaît l'Occident n'a pas de fondement, elle est même dépourvue de sens.

Ce refus catégorique de la notion de laïcité par la pensée islamiste est encore accentué chez certains penseurs par la tendance, idéologique certes, à identifier la laïcité à l'athéisme et au colonialisme occidental. D'autres encore l'identifient à l'hégémonie de l'élite arabo-musulmane occidentalisée.

Bref, faute d'une critique scientifique de l'échec du processus de laïcisation dans la pensée arabo-musulmane, le courant islamiste

---

[6] Notamment dans son ouvrage: *Wijhath nadhar: nahwa i'âdatz binaâ' qadâyya al fikr al 'arabî al mo'âssîr* (Point de vue: vers une reconstitution des thèmes de la pensée arabe contemporaine), Al Markâz At thaqâfî al 'arabî, 1992.

juge toute référence au système laïque comme un «danger» pour l'islam, et les défenseurs de la laïcité comme des athées. Déjà au début du XXᵉ siècle, cette mentalité de l'anathème avait marqué les débats de la *Nahda*. C'est ainsi que plusieurs penseurs de l'époque ont été accusés d'hérésie (*kufr*), car ils prônaient le système laïque. Tel est le cas de Taha Hussein (*De la poésie préislamique*, 1926) et Ali Abdel Razek (*L'islam et les fondements du pouvoir*, 1925). La «chasse» aux penseurs laïcisants a eu pour résultat l'éclipse du réformisme islamique avant-gardiste, amorcé par Jamal Eddine Al Afghani et Mohamed Abdou. En fait, cette position a largement porté atteinte aussi bien à la pensée islamiste qu'à la pensée laïque. En effet, les idées et les discussions intellectuelles ne peuvent se développer que dans un climat de liberté, loin de tout dogmatisme et de tout centralisme au niveau des pouvoirs politique et social.

Ainsi, la pensée et le discours salafistes ont pour pierre angulaire l'idée d'un «passé glorieux» où le concept du califat est érigé en dogme. Du Cheikh d'Al-Azhar au politologue, en passant par le juriste ou le philosophe, la production intellectuelle au sein de ce courant ne dépasse guère la thèse stipulant que l'islam n'est pas seulement une religion avec des dogmes précis, mais aussi un ensemble de théories politiques. C'est pourquoi il est impératif que l'État musulman soit gouverné par un chef d'État dont la légitimité soit puisée au référentiel religieux, et qui doit gouverner suivant les lois déterminées par la *Chari'a*. Dans cette perspective, le gouvernement islamique légitime n'est pas celui qui fonctionne suivant le droit naturel politique ou positif, mais suivant la théologie musulmane.

Le résultat, certes guère convaincant, des postulats du salafisme contemporain est la thèse que «l'islam est à la fois religion et État» et celle du «gouvernement islamique». Le salafisme élabore sa propre lecture de l'histoire politique de l'islam qu'il explique exclusivement à partir de la théologie musulmane. En fait, ce mélange entre la lecture historique et la théologie constitue l'«identité» même du penseur salafiste contemporain, pour qui le passé historique «idéalisé» se hisse au niveau du dogme. L'époque du Prophète et de ses compagnons représente un idéal sur le plan du mode de société qui, de la sorte, s'y trouve réduit. Cet appel à un retour aux «temps purs» libère les penseurs islamistes de la nécessité de penser le présent et de réfléchir à la renaissance et à la restructuration des systèmes en place. Leur revendication consiste à prôner le royaume de Dieu sur terre en destituant celui des hommes, et à prêcher le règne de la seule Loi divine en révoquant les lois humaines. Ainsi, ce «temps pur» devient anhistorique, donc transcendant le temps et l'espace, la pensée salafiste lui conférant de la sorte la légitimité de se constituer en un, sinon le seul, futur recherché.

«L'islam comme religion et État» et les critiques laïques

Plusieurs islamistes se sont prononcés contre l'abolition du califat musulman par Kamal Atatürk, en 1924, après la défaite de l'empire ottoman, lors de la Première Guerre mondiale. Ils ont exprimé leur pessimisme concernant l'avenir du monde musulman. Quelques années plus tard, soit à partir de 1929, la thèse que «l'islam est à la fois religion et État» est apparue, popularisée par Hassan Al Banna et les Frères musulmans. Depuis lors et jusqu'à aujourd'hui, les critiques laïcisantes ne cessent d'exposer la limite de cette thèse, voire pour d'aucuns sa vacuité.

Ainsi, le penseur et magistrat égyptien Mohamed Saïd Al Achmaoui considère, d'une part, que la distinction entre les champs du politique et du religieux constitue l'essence même de la démocratie. Cette différenciation, explique Al Achmaoui, signifie que le fait politique est vu comme un fait humain, qu'il n'est ni sacré ni divin. Les dirigeants sont choisis par le peuple, et non par Dieu, comme le veulent certaines lectures de la tradition califale en islam. D'autre part, il considère que l'amalgame des deux champs essentiellement distincts en islam est une menace pour la religion elle-même, car le système de gouvernement n'y a jamais été religieux, mais il était plutôt basé sur la volonté du peuple.

Al Achmaoui propose une autre lecture de l'histoire politique musulmane, au temps du Prophète et de ses compagnons. Il voit dans ce passé glorieux, que les islamistes considèrent comme une synergie parfaite entre le politique et le religieux, une forme de laïcisation. Il donne l'exemple des deux premiers califes Abou Bakr et Omar, qui ont soumis leur gestion des affaires étatiques à la critique et au contrôle de la communauté musulmane gouvernée[7].

Mais d'où vient cet amalgame entre politique et religion? Dans son ouvrage *L'Islam politique*, Al Achmaoui avance que la plupart des *Ûlémas* de l'islam sunnite s'accordent sur un point essentiel: le pouvoir n'est point soumis aux fondements de la loi islamique, cette idée étant strictement chiite. En effet, pour le chiisme, la *wilaya* (tutelle) est une forme de pouvoir politique qui consiste en la soumission à un guide suprême de la communauté. Cette idée a été instrumentalisée par les califes depuis Mu'âwîya (le premier calife de la dynastie des Omeyyades en 661), car elle sert leurs intérêts personnels. Le calife, comme le montre le théoricien du pouvoir en islam Al Mawardi (972-1058) dans ses *Statuts gouvernementaux (Al ahkam al sultanya)*, jouit de l'approbation divine. Il est le représentant de Dieu sur terre et il n'a pas de comptes à rendre à la communauté quand il agit au nom de l'islam. La confusion des pouvoirs spirituel et temporel a donc conduit à la forme de despotisme qu'a connu l'histoire musulmane et qui se perpétue jusqu'à aujourd'hui. En outre, Al Achmaoui stipule que la laïcité n'est pas contraire à la religion, comme le prétendent les personnalités de l'islam politique.

L'intellectuel tunisien Afif Lakhdar développe la même idée dans ses articles. Mais il va encore plus loin en affirmant que la laïcité constitue une rupture avec l'État califal, théocratique, autocratique et despotique, dans lequel le calife, si tyrannique qu'il soit, ne peut être destitué, sauf dans des conditions extrêmes, comme la mort ou l'apostasie. Parallèlement à cette rupture, la laïcité se trouve à renouer avec la philosophie arabo-musulmane et la pensée rationnelle qu'a connues l'histoire musulmane à travers Averroès, les mutazilites, etc., et que Afif Lakhdar considère comme indispensables pour contrer la pensée islamiste extrémiste

---

[7] Mohamed Saïd Al ACHMAOUI, *L'islam politique*, p. 191.

sur la scène sociale et politique. Rappelons cependant que l'intellectuel tunisien ne prend pas en considération le fait que ces philosophes et penseurs mutazilites produisaient dans un paradigme autre que celui de la modernité. Ils n'ont guère contesté la légitimité religieuse de l'autorité califale. Par conséquent, toute tentative pour trouver un antécédent ou une forme de laïcité dans le paradigme monothéiste musulman serait inadéquate, voire vaine.

Précisons que les tenants de la thèse laïcisante dans l'espace musulman postulent que les sociétés arabes doivent accepter le processus que l'histoire humaine a imposé et qui, dans les sociétés occidentales, a abouti à la séparation entre l'État et la religion. Cette séparation, radicale ou nuancée chez d'aucuns, Al Jabri entre autres, reste nécessaire sinon obligatoire pour la réussite de tout projet de développement sous quelque forme que ce soit. Ainsi, les États dans l'espace musulman sont tenus d'instaurer les libertés fondamentales et les droits de la personne, bafoués soit au nom de la religion soit au nom de la sécurité nationale. Ils sont tenus aussi d'édifier l'État de droit et de promouvoir la culture de l'égalité entre les citoyens. Ceci passe *ipso facto*, comme le veut le courant des penseurs laïques dans le monde arabo-musulman, par l'abolition de toute forme de tutelle sur le citoyen. La répression et le despotisme au nom de la religion sont les principaux obstacles à la modernisation et au développement. Ils ne peuvent disparaître que sous le règne de la loi, de la mise en application du principe de la séparation des pouvoirs et du respect des libertés. En outre, ces États sont tenus de mettre fin à l'oppression politico-religieuse. Aussi, les pays arabo-musulmans n'ont qu'une voie à suivre, celle de la démocratie, de la modernité et de la laïcité, pour épargner à leurs peuples les risques de l'extrémisme radical, qui s'épanouit dans la région.

Par ailleurs, ce courant, dont les principaux intellectuels, voir l'universitaire jordanien Shaker Al Naboulsi, entre autres, s'identifient eux-mêmes comme des néo-libéraux, postule que le lien que font les *Ûlémas* et les *fûqahas* (savants et juristes de l'islam) entre laïcité et apostasie est une position éthique plutôt sélective. En effet, l'espace arabo-musulman n'a pas une vision claire de la laïcité telle qu'elle s'est développée en Europe. Sa compréhension de la laïcité est inscrite dans une vision conflictuelle issue de la rivalité qui l'oppose à l'Occident depuis les croisades et la *Reconquista*, et qui a pris de l'ampleur avec le phénomène du colonialisme. Pour le courant laïque, la laïcité est une libération de l'homme du despotisme aveugle qui sévit dans le monde arabo-musulman, mais aussi de toute forme d'instrumentalisation de la religion, qui en font un «opium des peuples», selon les termes de Marx.

Force est de rappeler aussi que ces intellectuels qui prônent une laïcisation de la vie politique et sociale en terre d'islam, ne rompent guère, sinon point, avec le champ religieux. En effet, ils postulent que l'islam, comme les autres religions, n'est ni une légitimation de l'esclavage, du despotisme et de la spoliation des esprits, ni la confiscation des libertés. Au contraire, le but de toute religion, y compris l'islam, est le respect de l'homme et de ses choix individuels. Ainsi se rencontrent religion d'un côté et laïcité et démocratie de l'autre.

Par conséquent, comme l'atteste l'écrivain palestinien Sakr Abou Fakhr[8], l'État religieux où la désobéissance au pouvoir politique équivaut à une insoumission et une offense à Dieu, n'est plus approprié dans les temps modernes. Son maintien dans l'espace arabo-musulman actuel témoigne d'une résurgence d'un passé plutôt imaginaire que réel.

En fait, les intellectuels libéraux focalisent leurs critiques contre les thèses de l'islam politique et contre celles du salafisme (Al Qaradaoui, Mohamed Aamara, et autres) qui prônent un retour au califat musulman et considèrent la laïcité comme une anti-religion, attestant ainsi d'un piètre savoir du processus évolutif imposé par l'histoire. De plus, font-ils remarquer, aucun pays musulman, comme l'Afghanistan, l'Arabie saoudite, l'Iran et le Soudan, où le spirituel et le temporel sont confondus, n'a produit un système démocratique pour ses citoyens; les libertés fondamentales y sont bafouées, voire interdites dans des cas extrêmes[9].

---

[8] Voir son article «La laïcité et les États musulmans», *Al Quds Al Arabi*, 28 avril 2005.

[9] *Ibid.*

Critique de l'autoritarisme étatique
et défense de la société civile

Au contact des idéaux occidentaux du libéralisme, les intellectuels arabo-musulmans ont pris conscience du despotisme du pouvoir califal. De la sorte, l'écart entre une institution califale «idéaltypiquement bonne» et l'institution réelle qui repose sur la puissance de l'intimidation matérielle et armée se trouve souligné. Écart entre ce qui est, l'institution réelle, et qui s'est montré fort éloigné de ce qui doit être, l'idéal imaginé et prêché. Cet idéal qui n'a jamais existé, sauf dans des cas rares comme l'a affirmé Ali Abdel Razek dans *L'Islam et les fondements du pouvoir*, 1925, reste pourtant mythiquement enraciné dans l'inconscient arabo-musulman.

S'est imposée alors, au début de la *Nahda*, une critique acerbe, voire une mise en accusation du despotisme. En effet, dans son ouvrage de 1901 intitulé *Taba' al istibdad* (Les caractéristiques du despotisme), Abderrahman Al Kawakibi (1849-1903) impute à l'autoritarisme incarné par le califat ottoman dans la région tous les maux du monde arabo-musulman. En fait, le penseur Al Kawakibi, dont la réflexion s'inscrit dans une perspective séculière, appelle à l'élimination du despotisme comme étape essentielle à la Renaissance de la civilisation arabo-musulmane. Force est de rappeler que Abderrahman Al Kawakibi est l'un des penseurs qui ont placé le politique au centre des débats sur le «retard historique» du monde arabo-musulman.

Comment définir le despotisme et comment l'expliquer? Pour Al Kawakibi, le despotisme est une absence totale de soumission à la loi qui, le cas échéant, aboutit à la tyrannie, à l'absolutisme et à l'arbitraire. Dans son effort pour trouver l'origine du despotisme en Orient, Al Kawakibi, en dépit de sa démarche séculière, écarte tout lien causal avec l'islam en tant que religion. Cette origine, selon Al Kawakibi, se trouve dans l'ignorance et les superstitions religieuses du peuple arabo-musulman ainsi que dans les interprétations erronées des préceptes de l'islam par les *Ûlémas* et les *fûqahas* (savants et juristes de l'islam). Leurs idées arriérées font de ces derniers les alliés de l'autoritarisme, à cause du pouvoir religieux qu'ils exercent sur la masse arabo-musulmane, la maintenant dans une situation d'ignorance de ses droits et lui interdisant toute critique des textes religieux. Cette ignorance engendre la peur qui, une fois généralisée, devient une base solide pour le despotisme qui, grâce aux *Ûlémas*, a tenté de trouver une justification à ses excès et à son incapacité de fonder une société juste en s'attribuant une légitimité religieuse. Une fois établi, le despotisme entraîne une régression de l'être humain jusqu'à l'état animal. Le seul remède au despotisme tel qu'il s'est enraciné dans l'espace musulman est, selon Al Kawakibi, la révolte contre les détenteurs du pouvoir, ce qui permettrait au peuple de retrouver sa dignité et de conquérir sa liberté. En fait, Al Kawakibi énumère plusieurs causes de l'affaiblissement du monde arabo-musulman: l'intolérance religieuse, l'absence de liberté de parole, l'injustice sociale, l'hostilité contre la science, et aussi et surtout la négligence dans l'éducation des femmes. Ainsi, le despotisme politique a conduit au despotisme dans les relations sociales, notamment dans les relations homme-femme.

Un autre penseur de la *Nahda*, Qasim Amin (1863-1908), développe particulièrement cet aspect dans son œuvre critique. L'auteur de *Libération de la femme* (1899) s'attaque au despotisme politique par une critique dirigée vers le despotisme social représenté par la relation homme-femme. Dans une société patriarcale qui favorise essentiellement l'homme, la femme subit différentes formes de mépris et de despotisme (*istibdad*). Aussi, pour Qasim Amin, la solution se trouve-t-elle dans la libération de la femme par l'éducation, à travers la transmission de la culture de liberté.

Ainsi le problème de la relation entre le politique et le religieux, le temporel et le spirituel, ouvre sur la réforme de toute la société et de ses valeurs, voir le statut de la femme, du non-musulman, etc. Les penseurs de la *Nahda* ont considéré le pouvoir politique en islam comme étant en contradiction avec le principe de la liberté. Ce dernier, une fois instauré dans le domaine politique comme participation aux affaires politiques et liberté d'expression politique, génère tout le progrès social et politique. C'est pourquoi les détenteurs du pouvoir politique doivent être responsables devant le peuple. Il est clair que de telles propositions ne trouvent guère, sinon point, leur fondement dans le référentiel arabo-musulman. Même si les penseurs laïques font allusion à la célèbre boutade de Omar Ibn Al Khattab, deuxième calife de l'islam: «Vous tous qui m'écoutez, si vous voyez des écarts dans mon administration, veuillez les redresser.» En fait, le projet réformateur de ces penseurs consiste à appliquer le modèle occidental à la société arabo-musulmane. Pour eux, la religion ne doit pas être réduite aux pratiques religieuses, mais elle doit servir à mettre fin au despotisme. Cependant, la laïcité qu'ils ont prônée ne se situait pas dans le référentiel des Lumières européennes. Ils n'ont pas adopté une position de rupture avec les clercs qu'ils invitaient plutôt à s'insérer dans le mouvement du progrès et à y situer leur *ijtihâd* afin de participer à la résurrection de la civilisation musulmane et de transformer les sociétés arabo-musulmanes.

Ceci étant, force est de préciser que les débats de cette période de la *Nahda* restent, et de loin, plus osés et plus critiques envers le pouvoir despotique régnant que ceux des intellectuels contemporains. En effet, Al Kawakibi et d'autres penseurs de l'époque ont élaboré une véritable ébauche de sécularisation intellectuelle et institutionnelle. Leurs écrits restent une invitation faite aux musulmans à rejeter la logique dualiste du «Nous et l'Autre» et le discours dualiste de «la terre d'islam versus la terre de la guerre», et à s'inscrire dans la nouvelle réalité universelle dont la science reste le paradigme dominant pour toute l'humanité. Cet appel d'Al Kawakibi, qu'on peut qualifier d'avant-gardiste eu égard à la culture de la fin du XXᵉ siècle, va plus loin que la polémique engagée entre les intellectuels arabo-musulmans d'aujourd'hui. En effet, dans la plupart de ses composantes, le débat actuel entre les intellectuels laïques et islamistes n'a guère dépassé le stade d'une recherche des erreurs dans le discours de l'autre. C'est donc un débat moins constructif que celui des penseurs de la *Nahda*, un débat portant sur des positions extrêmes plutôt que sur une conception cohérente de la laïcité.

La question de la laïcité en terre d'islam qui s'impose aujourd'hui débouche sur une autre problématique: la rupture avec le paradigme religieux est-elle possible et comment rompre avec le passé?

Perspective laïque: difficulté de la sortie du paradigme religieux et de la rupture avec le passé

La pensée politique arabe cherche un nouveau cadre permettant de mettre en place un système politique autre que celui légué par l'institution califale telle qu'elle est pensée et soutenue par des théologiens musulmans comme Al Mawardi (972-1058) ou Al Ghazali (1058-1111). Pour la raison arabe, le modèle européen va représenter à la fois une attraction et un défi. En effet, la séparation du politique et du religieux en islam est une notion qui, dans son expression la plus radicale, se heurte à un ensemble de représentations et de symboles que l'imaginaire collectif arabo-musulman retient avec force. D'une part, le politique en islam est fondé essentiellement sur son degré de conformité avec les préceptes de la loi islamique. D'autre part, la religion islamique exige un pouvoir fort et centralisé pour s'épanouir.

La question de la sortie du paradigme religieux dans une perspective laïque s'est posée avec acuité aux intellectuels arabo-musulmans. On peut mettre en exergue trois courants qui ont cherché une solution à ce problème. Le premier propose de rompre carrément avec la tradition (*tûrath*) et de s'inscrire dans le paradigme moderniste tel qu'il a été élaboré en Europe. Le second envisage une renaissance et une réactualisation de la tradition arabo-musulmane par ses propres mécanismes sans tenir compte de ceux de la modernité occidentale considérée comme inappropriée en terre d'islam. Le troisième prône une modernisation selon l'expérience et les règles occidentales, mais de l'intérieur de la tradition arabo-musulmane.

Les deux premiers courants ne posent guère de contradictions, du moins au niveau épistémologique, puisqu'ils se situent entièrement dans un paradigme ou dans l'autre. Le dernier, qui se veut conciliateur, a du mal, par contre, à transposer la notion de laïcité dans le champ paradigmatique arabo-musulman où il cherche à lui trouver une référence ou un antécédent. Les termes par lesquels on traduit le mot même de «laïcité» sont vagues: *'ilmania* (relatif à *'ilm*, science), *'almania* (relatif à *'alam*, monde). Parfois, la traduction dépasse la notion de la laïcité établie en Occident pour en englober d'autres qui sont voisines, telles la démocratie, la rationalité, la liberté, etc. Ce qui montre la difficulté d'introduire l'idée de la laïcité telle qu'elle est définie en Occident dans la culture musulmane qui est fondée essentiellement et historiquement sur la religion comme vecteur identitaire.

Selon plusieurs intellectuels qui sont réticents vis-à-vis de la laïcité ou même qui la refusent, il serait aussi impossible de transposer la laïcité dans le champ culturel arabo-musulman que de transposer la notion du califat ou de l'*imamat* dans le champ politique occidental moderne. Certes, le terme est introduit sous plusieurs expressions dans la culture arabe, mais aucune base culturelle ne permet de l'insérer dans une structure sociopolitique arabo-musulmane. Par conséquent, selon ce courant de pensée, la laïcité telle qu'elle est définie et appliquée en Occident est impossible dans le monde de l'islam.

Pour dépasser cette ambiguïté posée par la laïcité dans les champs linguistique et culturel arabo-musulmans, Al Jabri propose de la laisser tomber et de ne retenir que les notions de démocratie et de rationalité, plus faciles à identifier aux paramètres culturels arabo-musulmans. En effet, en tant que cadre théorique et pratique pour l'instauration de la liberté, la démocratie constitue, bien plus que la laïcité, un passage obligé vers la modernité. Al Jabri postule l'impossibilité de dépasser le passé culturel, car il est ancré dans l'imaginaire collectif arabo-musulman. Il faut donc composer avec ce paramètre du passé culturel arabo-musulman, que seules la démocratie et la rationalité peuvent à la fois englober et dépasser.

Dans ce contexte, le concept de «laïcité» reste en général emprisonné dans le champ politique. Ce qui se traduit dans le rapport de certains leaders politiques avec la religion et son pouvoir dans la société. Tant et si bien que même la plupart des penseurs laïques conçoivent la laïcité comme le fait d'éloigner la religion musulmane de la vie publique, même si depuis longtemps elle a cessé d'être un facteur important du champ politique.

Soulignons que, dans l'espace arabo-musulman, le débat entre les défenseurs de la laïcité et ses opposants reste très lié à l'histoire et à la culture musulmane. En effet, si les opposants essaient de démontrer par le texte religieux la vacuité de la laïcité en islam, les tenants, eux aussi, essaient de trouver des arguments en sa faveur, sans pour autant sortir du paradigme arabo-musulman. C'est ainsi que l'interprétation de l'histoire arabo-musulmane en regard de la laïcité prend la forme d'un déterminisme. Pour certains, depuis son instauration, l'institution du califat musulman est civile et laïque en son concept même. Le religieux s'est éclipsé depuis la mort du prophète Mahomet pour céder la place aux conflits, aux discordes et à la monarchie héréditaire, bref, au politique à travers toute l'histoire. L'interprétation d'Ali Abdel Razek en est l'exemple le plus frappant. Ce penseur se place sur le terrain même de ses adversaires en contestant les *hadiths* du Prophète, qu'il estime trop généraux ou trop spécifiques pour servir à une légitimation du califat. Abdel Razek va encore plus loin et affirme que le Coran porte sur l'ensemble des pratiques religieuses mais n'aborde aucunement la forme du pouvoir en islam, notamment le califat.

Le débat sur la laïcité et la modernité politique ramène à l'ordre du jour deux thèmes centraux: l'identité et la citoyenneté.

En ce qui concerne l'identité, une difficulté de taille réside dans l'effort pour faire cohabiter l'islam en tant que vecteur identitaire dominant avec la laïcité comme fondement identitaire moderne et récent. Les musulmans qui rejettent la laïcité ont plus de mal à considérer l'islam comme une religion civile. Pour eux, la laïcité fait concurrence à leur marqueur identitaire premier, la religion.

À vrai dire, la structure même de l'islam, aussi bien celui du texte que celui de l'histoire, résiste à se laisser réduire, comme le veut la laïcité, à un simple culte individuel de l'être humain dans sa relation à son Créateur. Selon l'interprétation dominante de la tradition, l'islam originel ne reconnaît pas la neutralité de l'État dans sa relation avec la *Umma* ou la *Jamaâ*. Il n'accepte pas non plus l'idée que la *Umma* puisse être organisée par un État non religieux. D'où l'impression qu'en islam, la religion impose son credo et se considère comme le marqueur identitaire exclusif. Pourtant, ce sont là des impressions qui sont sujettes à révision dans l'islam actuel. En même temps que la révision critique des limites de la laïcité sur la question identitaire donne au débat une allure nouvelle, se met en place un processus de remodelage identitaire à la lumière de la mondialisation et des valeurs et droits qu'elle véhicule. À cela s'ajoutent les risques de guerres de religions et de chocs des civilisations en même temps que les espoirs d'un nouvel humanisme émanant de l'œcuménisme et du dialogue des religions.

De son côté, pour sortir du paradigme religieux et rompre avec le passé, le penseur et historien tunisien Hicham Djaït propose une autre vision du rapport entre le religieux et le politique dans l'espace arabo-musulman. L'État, estime Djaït, est le garant de la religion, de sa pérennité et de sa continuité. Il n'a pas le droit d'être radicalement laïque, car la religion ne peut être une affaire personnelle. Il est la religion de toute la nation. Dans son ouvrage paru en 1974, *La personnalité arabo-musulmane et le devenir arabe*, Hicham Djaït estime que l'islam doit rester la religion de l'État mais ne doit point être utilisé à des fins politiques, ni par l'État ni par d'autres acteurs.

Djaït atteste de l'impossibilité d'une renaissance arabe en dehors du paradigme religieux dans lequel l'islam joue un rôle prépondérant dans le façonnement de la personnalité arabo-musulmane. Ainsi, pour lui l'idée d'un État laïque dans l'espace musulman va à l'encontre de l'histoire et contredit la caractéristique de la civilisation arabo-musulmane. Djaït, en fait, se repère intellectuellement dans le référentiel khaldunien, en assurant que l'État, selon les termes mêmes d'Ibn Khaldun, a pour fonction de défendre la religion et de gérer les affaires de ce monde. Ceci étant, il est à souligner que Djaït s'est sensiblement rétracté de ses positions conciliantes, notamment dans son ouvrage *La crise de la culture islamique*, où le penseur tunisien invite les sociétés arabes à s'ouvrir davantage sur la modernité occidentale pour dépasser la problématique posée par le couple Religion/État.

Quelles sont les principales orientations que risque de prendre le débat sur la laïcité en terre d'islam dans un avenir prochain? Il faudra voir si l'imaginaire musulman conservera de la laïcité l'image d'une idéologie occidentale ou d'une exception française. Si la laïcité reste un phénomène singulier, propre à l'espace culturel occidental foncièrement judéo-chrétien, les musulmans la percevront comme une réalité qui n'est pas pertinente dans leur culture. Par contre, les défenseurs de la laïcité en terre d'islam vont la considérer comme un passage obligé à la modernité et comme un critère d'évaluation du niveau de modernisation de l'ordre politique et social. Le débat sur la laïcité pourrait prendre des allures d'urgence dans les sociétés arabo-musulmanes pluriethniques et pluriconfessionnelles comme la Syrie, le Liban, l'Irak, etc. L'histoire contemporaine témoigne de dérapages dans l'application oppressive de la laïcité contre les différentes composantes de ces sociétés; le cas du parti Baath de Saddam et le cas du nationalisme turc entre autres sont des contre-exemples des bienfaits de la laïcité. Cette instrumentalisation de la laïcité a fait en sorte que ceux qu'elle a opprimés vont se réfugier dans des stratégies religieuses et identitaires, mais aussi dans des formations islamistes à l'accent religieux plus prononcé. La laïcité qui a été imposée par le fer et par le sang provoque ainsi une hostilité à son égard.

Au-delà des perceptions fantasmagoriques d'un islam virtuel ou d'une laïcité imposée ou importée, il y a place pour une réflexion islamo-laïque sur la discrimination, l'exagération des différences identitaires, la marginalisation de certaines catégories sociales comme les femmes, les homosexuels, etc. Dans cette perspective, ni l'islam ni la laïcité ne sont des accidents de l'histoire. L'appel à mettre fin à l'hostilité et au rejet mutuel entre islam et laïcité au profit d'une réflexion conjointe pourrait amener à mettre fin à l'inféodation de l'État par la religion et à l'instrumentalisation de la religion par les idéologies combatives. Islam et laïcité trouveront leur compte dans un dialogue qui pourrait assurer à l'islam son épanouissement spirituel et moral et donner à la laïcité l'occasion de prouver qu'elle est une garante de la liberté de conscience. La laïcité serait comme un antidote contre les effets pervers de la religion et contre l'instrumentalisation politique et autoritaire de la religion. La laïcité pourrait aussi être un pare-chocs permettant d'éviter les dérives de la religion vers le fanatisme. En d'autres mots, confiner la religion musulmane dans l'espace privé serait salutaire pour la spiritualité musulmane elle-même.

4

CITOYENNETÉ ET DROITS DE L'HOMME DANS L'ESPACE ARABO-MUSULMAN

Ce chapitre tente d'explorer les différentes facettes du débat sur les droits de l'homme dans l'espace musulman dans ses aspects théoriques.

Certaines questions se posent avec insistance au sein de la culture musulmane. Celles-ci, par exemple:

— Quelles sont les particularités du processus historique qui, surtout en Occident, a mené à l'universalité de la charte des droits de l'homme? Le débat consiste en un ensemble d'efforts critiques pour confirmer ou infirmer la prétention de cette déclaration à l'universalité.

— Comment expliquer l'écart entre les textes de la charte universelle des droits et leur application dans les sociétés occidentales?

— De même, comment justifier les conséquences de cet écart et, surtout, l'instrumentalisation des droits de la personne dans les relations internationales comme moyens de pression sur les pouvoirs et les sociétés musulmanes?

Il sera donc question des différentes lectures que proposent les musulmans dans leur effort pour comprendre les divergences entre l'universalisme occidental des droits de la personne et le leur. Nous verrons aussi comment ces deux particularismes, musulman et occidental, pourraient amener la création d'une plateforme universelle des droits. Les musulmans considèrent que les autres traitent leur universalisme comme un particularisme, tout comme eux-mêmes traitent l'universalisme «occidental» comme un particularisme.

Après ce survol théorique, il sera pertinent de faire une relecture des chartes élaborées par les musulmans en ce qui concerne ces droits. Ces chartes qui ont pour objectif d'améliorer les droits de la personne musulmane tentent de dépasser la question de la spécificité culturelle en engageant un dialogue avec l'universalité des droits de la personne. Par l'élaboration de chartes des droits de la personne musulmane ou arabe, le monde musulman tente de réfuter l'accusation d'être à la solde de l'Occident, d'incuber des valeurs universelles dans un langage qui lui soit propre, mais aussi il fait la preuve que l'islam n'est pas un bloc invariant, mais qu'au contraire, il interagit avec son temps. Les droits de la personne sont ainsi reconnus comme un étalon de mesure qui, dans l'espace musulman, fait la différence entre civilisation et barbarie, entre justice et injustice. Les penseurs musulmans sélectionnés dans ce chapitre ont abordé les problèmes les plus préoccupants au sein de l'islam actuel concernant les droits de la personne.

La première thématique fait la particularité du contexte musulman: c'est celle de la subordination des droits humains à la *Chari'a*. La seconde thématique est prédominante dans l'espace musulman: c'est celle des droits individuels face à un État exempt de despotisme et d'arbitraire, et face à une société exempte des excès du communautarisme où la famille, la tribu et le clan ont préséance sur l'individu. Autre thématique qui occupe une place privilégiée chez les penseurs: celle des relations entre les groupes sociaux. Il s'agit plus spécifiquement des divers aspects des droits de la majorité et de ceux des minorités: entre une majorité musulmane et des minorités non musulmanes (coptes, chrétiens), entre des musulmans d'une confession majoritaire et ceux d'une confession minoritaire (chiites, druzes, bahaïs, etc.), et entre les ethnies (Kurdes, Berbères, etc.).

La *Chari'a* fait l'objet d'un débat entre musulmans qui s'interrogent à son sujet: la *Chari'a* est-elle un tout indissociable? Quelles conséquences aurait son application à plusieurs niveaux, et d'abord, le droit positif y aurait-il une place? Pour apporter des éléments de réponse à ces questions, nous analyserons, dans ce chapitre, le débat entre penseurs religieux et penseurs positivistes afin de comprendre comment ces interlocuteurs tentent de résoudre le problème de la discrimination basée sur le genre et le sexe et celle basée sur les dogmes: qui sont les hétérodoxes, les hérétiques, les apostats et les *dhimmis*? Il s'agit donc d'un débat sur la liberté d'adhérer ou non à la religion. Autre débat qui s'impose: celui sur le code pénal musulman (*al hûdûd*) et celui sur l'inviolabilité physique de l'homme (esclavagisme, amputation, flagellation, etc.).

La société entre les droits de l'homme et les droits de Dieu

Le contact de la pensée musulmane avec la notion des droits de l'homme n'est pas récent. Cette notion figurait déjà dans la problématique réformiste de la *Nahda* contre l'absolutisme et le despotisme. Après avoir été déconsidérée et occultée par les idéologies unionistes et marxistes à partir des années 1950 jusqu'à la chute du mur de Berlin, elle est revenue en force dans le discours de l'intelligentsia arabe et musulmane. Ces idéologies l'ont en effet reléguée au second plan pour donner plus d'importance au consensus politique et au développement économique. Mais au lendemain de l'éclatement du bloc communiste de l'Est, et après la désillusion des idéologies révolutionnaires, plusieurs publications portant sur le thème des droits de l'homme en islam ont vu le jour. La majorité de ces discours sur les droits de l'homme s'accordent sur un point essentiel, à savoir que le cadre de pensée dominant est le référentiel islamique.

Il est à noter que le fondement de la notion des droits de l'homme en islam réside dans le paradigme monothéiste islamique, dont Dieu constitue la matrice fondamentale. Partant de ce postulat et ne pouvant le dépasser, ou le transgresser, la tradition musulmane retient que l'homme est à la fois *mustakhlaf* (lieutenant de Dieu sur terre) et *mukallaf* (mandaté par Dieu qui lui a assigné une responsabilité et des tâches). Le musulman étant au service de Dieu, le principe de liberté en islam reste lui-même inscrit dans l'allégeance totale à Dieu.

Pourtant, dans plusieurs de ses composantes, le discours islamiste contemporain appelle à un adoucissement de l'austérité prônée par certaines lectures rigoristes de la tradition islamique. Il propose d'intégrer certaines dispositions occidentales relatives aux droits de l'homme, en s'appuyant sur une interprétation plus ouverte des textes sacrés de l'islam. Une telle lecture va même jusqu'à considérer que certaines dispositions de la *Chari'a* sont désuètes, celles surtout qui concernent les châtiments corporels, la lapidation, la peine de mort, etc., sans pour autant faire fi des prescriptions divines imposées par le dogme religieux.

Selon le Cheikh Youssef Al Qaradaoui, dans son prêche du vendredi 18 novembre 2005, l'islam a instauré avant l'Occident la notion des droits de l'homme et ce sont les musulmans qui sont à l'origine de ces droits tels qu'on les connaît dans les chartes actuelles. Al Qaradaoui ajoute aussi que même si le vocable ne figure pas en tant que tel dans les ouvrages de la tradition arabo-musulmane, ces derniers, les livres d'histoire, du *fiqh*, *hadiths*, sont imprégnés de la notion des droits de l'homme. Ainsi, selon Al Qaradaoui, l'islam a instauré cette notion depuis plus de quatorze siècles, en faveur de toute personne sans distinction de race, de religion ou de pays, sur la base de *takrim*, l'honneur fait par Dieu à l'homme en tant qu'homme.

Le Coran dit:

> Certes, Nous avons honoré les fils d'Adam. Nous les avons transportés sur terre et sur mer, leur avons attribué de bonnes choses comme nourriture, et Nous les avons nettement préférés à plusieurs de Nos créatures. («Le voyage nocturne», 70)

De plus, dit-il, l'islam a incité tout musulman à exiger le respect de ses droits auxquels il ne doit pas renoncer, même devant le calife. Soulignons que lors de l'affaire du foulard en France[1], Al Qaradaoui a adressé une lettre (datée du 23 décembre 2003)

---

[1] Voir le chapitre 7 sur la femme dans le présent ouvrage.

au président Jacques Chirac, lui demandant, au nom des droits de l'homme établis dans toutes les déclarations universelles et autres, de respecter la religion musulmane et le choix de ses fidèles de porter le voile.

Dans une autre perspective, Rached Al Ghannouchi dans son ouvrage intitulé *Les libertés publiques dans l'État islamique* cherche à mettre en exergue une vision islamique des droits de l'homme. Selon lui, la *Chari'a* garantit les libertés publiques et les autres droits (économiques et sociaux), mais en islam la liberté est définie par rapport à la responsabilité de l'homme vis-à-vis du commandement de Dieu (ordonner le Bien et interdire le Mal). Aussi, on ne peut pas, au nom de la liberté et des droits humains, transgresser l'ensemble des normes qu'impose la *Chari'a*.

En fait en islam, les droits de l'homme sont définis *a contrario* par rapport aux «droits de Dieu». Cette dernière expression, tirée principalement de l'ouvrage d'Ibn Taymiya (*Siyassa char'iyya*), fait allusion aux *hûdûd*, c'est-à-dire aux peines légales ordonnées par Dieu et prescrites par le Coran ou la *Sunna*, et qui, selon un large courant de la pensée islamiste, ne peuvent être modulées ou ajustées. Ainsi, par exemple, la liberté de mariage n'est pas absolue, mais elle se heurte à une restriction majeure: une musulmane ne peut épouser un non-musulman. La liberté de culte est tolérée au sein de la confession majoritaire musulmane à la condition cependant qu'elle ne soit pas la cause de dissensions dans la communauté.

Al Ghannouchi considère notamment que l'État islamique est une démocratie, mais elle n'est ni laïque ni matérialiste comme en Occident. La *Chari'a* en reste la clé de voûte, et toute notion des droits de l'homme doit être située dans la perspective de la dimension théologique occupée par la *Chari'a*. Rached Al Ghannouchi prône un État islamique moderne et occidental en son fond, mais les droits de l'homme demeurent largement instrumentalisés au profit de cet État.

Le penseur Mohamed Aamara, dans son ouvrage *L'islam et les droits de l'homme: des nécessités non des droits*, affirme lui aussi que l'islam a devancé les civilisations occidentales dans le respect des droits de l'homme. Selon cet auteur, la religion islamique elle-même serait en danger si certaines libertés fondamentales n'étaient pas respectées; aussi les considère-t-il comme des nécessités plutôt que comme des droits. Parmi elles figurent la vie, l'éducation, l'expression, etc., mais aussi la liberté de s'opposer qui, sous sa plume, devient une obligation. Le penseur égyptien donne des exemples de courants contestataires dans l'histoire arabo-musulmane. Certes, dit-il, la contestation a parfois dérapé, mais une telle dérive ne peut pas être imputée à la religion et au dogme. Au contraire, ces mouvements de contestation sont une preuve de la tolérance de la religion islamique.

Dans une autre perspective, rationaliste et séculière, le penseur marocain Mohamed Abed Al Jabri, dans *Démocratie et droits de l'homme*, tente de montrer que les droits de l'homme sont requis par la loi de Dieu et en constituent une application. En effet, il voit dans la notion purement islamique de la *fitra*, qui fait référence à la nature essentielle de l'homme, une analogie avec la théorie de l'état de nature sur laquelle se fonde, en Occident, la notion des droits de l'homme. Rappelons toutefois que l'effort d'Al Jabri pour trouver dans la culture arabo-musulmane un fondement à l'idéal occidental des droits de l'homme est difficile, car historiquement l'islam est associé au despotisme et à l'autoritarisme politique. Comment parvenir à instaurer la démocratie et les droits de l'homme dans l'espace musulman? Al Jabri propose de créer un «bloc historique» qui regrouperait toutes les forces vives de la société quelle que soit leur idéologie, marxistes, libéraux, islamistes, etc., unies dans la poursuite d'un seul but: l'avènement de la démocratie et l'instauration des droits de l'homme.

Le penseur Ali Oumlil ne partage pas cette idée, car, selon lui, la *fitra* de la pensée musulmane d'une part, et le droit naturel de la pensée occidentale d'autre part, se situent dans des référentiels différents et leurs vecteurs historiques divergent. Selon l'intellectuel marocain, dans le contexte actuel, qui est foncièrement moderne, la *fitra* ne peut servir de base à la notion des droits de l'homme en islam. Cependant, elle le pourrait, mais à la condition que le monde de l'islam rompe avec le cadre culturel arabo-musulman ancien.

L'intellectuel tunisien Moncef Marzouki[2] a, sur cette question, une vision encore plus radicale. En effet, son postulat de base est la sacralité de la personne humaine, mais dans une perspective laïque qui diffère et dépasse l'idée de l'honneur fait à l'être humain dans le Coran.

Les droits de l'homme: difficultés et concessions

Dans l'espace musulman, la prise de conscience de la notion des droits de l'homme et l'appel à la promouvoir ont accompagné les appels de la société civile à contrer le despotisme. C'est ainsi que l'effort pour enraciner ces droits dans la culture arabo-musulmane, indépendamment de leur origine occidentale, est devenu une affaire interne pour ces sociétés. Il va de soi que la promotion des droits de l'homme dans les sociétés arabo-musulmanes est le fruit des efforts de juristes et d'intellectuels musulmans, puisque ces droits sont bafoués par les appareils étatiques. Mais ils sont également revendiqués au sein de la société afin de contrecarrer le despotisme étatique et d'enraciner la culture démocratique.

La question des droits de l'homme a constitué une partie importante du discours des mouvements islamistes ces dernières décennies. En effet, son engagement à défendre l'islam a contraint le courant islamiste à revoir sa manière de penser sur plusieurs aspects et à y introduire cette notion occidentale. C'est ainsi que cette question a mobilisé les penseurs engagés dans différents champs de la culture musulmane, *fiqh*, linguistique, *Chari'a*, etc., dans une tentative pour rendre l'instauration des droits de l'homme compatible avec les finalités de l'islam. En fait, la réflexion sur la notion des droits de l'homme a amené plusieurs voix du courant islamiste lui-même à dénoncer le despotisme dans l'histoire du califat musulman, un sujet longtemps resté tabou dans l'espace musulman et l'apanage seulement des critiques laïques ou marxistes. Ainsi,

---

[2] M. MARZOUKI, *Les droits de l'homme: la nouvelle conception.*

plusieurs intellectuels islamistes tels que Al Ghannouchi, Al Tourabi, etc. ont dénoncé le despotisme actuel et celui des temps anciens, en insistant sur l'instrumentalisation dont l'islam en tant que religion fait ou a fait l'objet de la part des détenteurs du pouvoir. Le courant islamiste s'est vu obligé de revoir sa lecture de l'histoire musulmane relative à l'application de la *Chari'a* et à ses échecs. Cette question des droits de l'homme a également imposé au courant islamiste une remise en question de ses interprétations des faits historiques à la lumière de nouvelles exigences épistémologiques. Plusieurs écrits islamistes se sont penchés sur «les finalités de la *Chari'a — maqâsîd al Sharîa —*», notamment par une relecture des grands penseurs arabo-musulmans dans ce domaine, l'imam Shâtibî (décédé en 1420) entre autres. Ces penseurs essaient de mettre en lumière les principes et fondements de la religion ainsi que leurs interprétations historiques.

Signalons toutefois que le courant islamiste actuel dans son ensemble a des difficultés à trancher plusieurs questions comme, par exemple, l'égalité entre homme et femme, et qu'il se confine dans un mutisme sélectif en ignorant le débat sur les différences fondamentales des champs paradigmatiques, occidental d'une part et monothéiste de variante islamique d'autre part. C'est ainsi que le courant islamiste continue d'ignorer la conception occidentale de l'homme et qu'il observe un silence à la fois gêné et gênant devant le hiatus entre les deux visions, l'occidentale et la musulmane, sur cette question.

Certes, cette préoccupation pour les droits de l'homme est limitée, mais elle a permis une révision en profondeur de plusieurs dimensions de la pensée islamique et une vision plus critique des expériences sinistres du passé. Dans sa réflexion sur les droits politiques en islam, la pensée islamiste actuelle, par exemple, examine un modèle de système politique autre que les exemples retenus par l'histoire musulmane. Elle le fait sur la base de notions nouvelles telle que la relation entre gouvernant et gouvernés sur un fond de démocratie et de refus du despotisme politique. Le principe de l'allégeance sur lequel est fondée traditionnellement cette relation en islam se trouve ainsi atténué. On assiste donc à une désacralisation du pouvoir en islam dans les écrits de plusieurs penseurs islamistes contemporains, Al Qaradaoui entre autres. Ceux-ci nient que l'absolutisme autoritaire qu'a connu la région depuis des siècles soit imputable aux fondements de l'islam; le despotisme doit plutôt être imputé à l'instrumentalisation de la religion par les détenteurs du pouvoir.

La question des droits économiques a également occupé une partie importante des nouveaux écrits à connotation islamiste. Toutefois, la notion de droits économiques se heurte à la difficulté de la pensée islamique à concilier les préceptes de la religion avec les exigences de l'économie contemporaine. En effet, c'est là un défi insurmontable pour la pensée musulmane en raison de l'insuffisance de fondements théoriques de l'économique en islam. D'autant plus que les bases de la science économique moderne, surtout dans le domaine financier, s'opposent fondamentalement à l'islam, voire à toute religion monothéiste. Par exemple, le système bancaire est basé sur le prêt à intérêt, qui est assimilé à l'usure par la tradition islamique. L'islam reste sans équivoque sur ce sujet:

Ô croyants! Craignez Dieu; et renoncez au reliquat de l'intérêt usuraire, si vous êtes croyants. Et si vous ne le faites pas, alors recevez l'annonce d'une guerre de la part de Dieu et de Son messager. Et si vous vous repentez, vous aurez vos capitaux. Vous ne léserez personne, et vous ne serez point lésés. («La Vache», 278 et 279)

Les droits des minorités constituent un autre volet que la pensée islamiste contemporaine a essayé d'évaluer en tentant de défendre l'islam comme garante de la liberté de culte. Tel fut le cas surtout à l'occasion de rapports d'organismes internationaux qui ont fait état de la condition inconvenable des minorités religieuses dans l'espace musulman. Les intellectuels islamistes ont ainsi été amenés à revoir le passé musulman, essayant de mettre en évidence la liberté dont jouissaient les adeptes des autres croyances. À ce propos, l'Andalousie demeure l'exemple le plus fréquemment évoqué dans les nouveaux écrits pour mettre en valeur la coexistence pacifique entre les différentes religions en terre d'islam.

Autre volet qui retient l'attention: celui des droits de l'enfant. En effet, même si ces derniers n'ont pas été suffisamment développés par la pensée musulmane, ils ont été codifiés en 1994 par l'OCI dans la Déclaration sur les droits et la protection de l'enfant dans le monde islamique. Fait intéressant à noter: tous les articles commencent par le terme «L'islam...». Certes, cette Déclaration «musulmane» n'est pas en contradiction avec la Convention internationale des droits de l'enfant de 1989, mais la mise en exergue des valeurs de la religion musulmane dès le préambule est frappante.

Ainsi, eu égard aux nouvelles exigences imposées par la notion des droits de l'homme, la raison musulmane a abordé plusieurs thèmes autrefois occultés. Toutefois, cet effort de théorisation est, d'une part, emprisonné dans une logique de réaction, de controverse apologétique et de réplique à ce qui se passe en Occident dans ce domaine. Il est, d'autre part, encouragé par une logique de conciliation entre Occident et islam en dépit des divergences que plusieurs intellectuels de bonne foi veulent ignorer. Mais il est utile de rappeler que cette ouverture a eu le mérite d'instaurer, au moins dans une perspective théorique, le concept de «droit» (*al haq*) en islam. Les anciens *Ûlémas* de l'islam avaient peu développé cette notion d'un point de vue juridique, s'y étant intéressés davantage dans le champ linguistique. Cette lacune, la pensée islamique contemporaine a tenté de la combler en dehors du référentiel occidental, en insistant sur le besoin de religions plutôt que d'idéologies qu'ont les sociétés actuelles.

Notons enfin que la pensée islamiste des droits humains se situe dans une perspective holiste en considérant qu'en islam ces droits ne concernent pas l'individu en tant que tel mais en tant que membre de la communauté musulmane (*Umma*) au sein de laquelle il peut en jouir. C'est là une différence majeure avec le référentiel occidental qui donne la priorité à la liberté individuelle.

Les chartes musulmanes des droits de l'homme et leurs spécificités

Le contact du monde musulman avec l'Occident et ses idées allait prendre une nouvelle ampleur à partir des années 1940. C'est à partir de cette date que commença à s'installer largement dans l'imaginaire arabe et musulman le lien entre le prosélytisme, l'orientalisme et le colonialisme de l'Occident. Le climat qui régnait alors était favorable à la propagation de la rhétorique du «complot de l'Occident contre l'islam». L'aide que les anciens colonisateurs ont apportée aux systèmes politiques despotiques en place après leur accession à l'indépendance a renforcé la conviction que tous les maux viennent de l'Occident, donc de sa culture et même de ses idéaux.

Dans un tel contexte, une déclaration des droits de l'homme, même porteuse de principes universels, pouvait difficilement être acceptée dans l'espace musulman par le courant islamique et même par d'autres courants comme le marxisme et le panarabisme. En effet, en plus des réserves émises par les États musulmans nouvellement indépendants, qui ont étroitement collaboré à la Déclaration universelle des droits de l'homme de 1948, les intellectuels musulmans ont mis en question la politique extérieure du «deux poids, deux mesures» des pays occidentaux qui ont été fortement critiqués pour leur «schizophrénie» relativement aux droits de l'homme. De plus, les musulmans ont continué de considérer la question des droits de l'homme comme une arme idéologique utilisée par l'Occident et un prétexte d'ingérence dans les affaires internes des pays arabes et musulmans.

Cette critique s'est développée de plus en plus en rapport avec la spécificité musulmane, si bien qu'elle a abouti à l'élaboration, au cours des dernières décennies, de plusieurs déclarations islamiques des droits de l'homme, telles la Déclaration universelle des droits de l'homme proposée par le Conseil islamique d'Europe et promulguée le 19 septembre 1981 à Paris, la Déclaration des droits de l'homme de l'Organisation de la conférence islamique (OCI) de 1990 et la Déclaration de la Ligue arabe de 1994.

Ces Déclarations tentent d'établir un difficile équilibre entre démocratie occidentale et *shûrâ* musulmane, entre le paradigme naturaliste et la *fitra*, ou encore entre pluralisme politique et application de la *Chari'a*, sans pourtant sortir du cadre des «principes éternels définis par le droit musulman». Ainsi, par exemple, dans la Déclaration du Caire sur les droits de l'homme en islam (août 1990), le préambule affirme que les États membres de l'Organisation de la conférence islamique (OCI) sont convaincus que les droits fondamentaux et les libertés publiques en islam font partie «de la foi islamique».

Une telle mise en exergue de la spécificité musulmane fait que ces Déclarations, largement dominées par le référentiel religieux, divergent sur plusieurs points des Déclarations universelles. En effet, ces dernières établissent des droits qu'elles considèrent comme naturels, imprescriptibles et intrinsèques à l'homme, antérieurs à toute activité religieuse, et indépendants d'elle. Par contre, les Déclarations à connotation islamique, en se basant sur le Coran d'une part et sur la *Chari'a* d'autre part, encadrent les droits de devoirs et de responsabilités (*taklif*). On insiste sur le fait que les lois de la *Chari'a* constituent un référentiel essentiel sur plusieurs points comme le mariage, la famille, etc. et sur l'existence de textes religieux à ne pas enfreindre, marquant ainsi la spécificité de la religion musulmane et son éloignement du modèle occidental. Les rédacteurs de ces Déclarations soulignent les caractéristiques de la «personne musulmane» qu'ils situent au même niveau que la personne occidentale. Cependant, ces Déclarations poursuivent un objectif applicable en tout temps, dans toutes les situations et en tout lieu. En fait, ce qu'il faut remarquer, c'est une islamisation des droits de la personne et l'invitation qui est faite à l'Occident à s'ouvrir au dialogue avec l'islam.

À titre comparatif, il est opportun d'essayer d'exposer les divergences majeures entre les chartes islamiques et universelles. En fait, ce qui accentue les différences entre les droits de l'homme en islam et en Occident, ce sont les divergences sur le plan des deux référentiels, le monothéiste islamique d'une part et le moderniste d'autre part, qui sont distincts d'un point de vue paradigmatique. En effet, en dépit de leur concordance apparente sur plusieurs points avec la Déclaration universelle, les Déclarations islamiques ne sont pas concluantes sur certains aspects de ce qu'elles ont tenté de souligner. Ainsi, concernant le *droit à la liberté religieuse*, l'article 13 stipule que: «Toute personne a droit à la liberté de conscience et de culte conformément à ses convictions religieuses.» La liberté de culte à laquelle fait allusion cet article, est absolue. Pourtant, en islam, un non-musulman peut adhérer à n'importe quelle religion, mais un musulman qui se convertit à une autre religion est considéré — selon plusieurs lectures, notamment salafistes — comme un apostat et il est passible de la peine de mort. La question de la *ridda* (l'apostasie ou l'abandon de l'islam comme religion) a pris beaucoup d'importance dans les débats récents entre les intellectuels musulmans. Ce débat sur la *ridda* représente même une relecture profonde de la structure fiqhiste qui sert de base à plusieurs notions du code pénal musulman. Les anciennes interprétations étaient basées sur les tournures linguistiques du texte coranique, notamment:

> Et quiconque désire une religion autre que l'islam, ne sera point agréé, et il sera, dans l'au-delà, parmi les perdants. («La Famille d'Imran», 84)

Ou l'autre verset qui semble en contradiction avec ce dernier, si on l'isole de son contexte:

> Nulle contrainte en religion! («La Vache», 255)

Il y a aussi le *hadith* d'Ibn 'Abbâs rapporté par Al Boukhari (mort en 870) mais non repris par Muslim (mort en 875) et que d'aucuns estiment inventé et non attribué au Prophète:

> Quiconque change sa religion, tuez-le.

Les interprétations récentes insistent davantage sur les «finalités de la *Chari'a*», eu égard aux exigences de la modernité. Ainsi, Al Qaradaoui considère la *ridda* comme un crime dangereux, qui menace un pilier de la société musulmane caractérisée par le dogme religieux et la foi. De son côté, Salim Al Awa partage le point de vue d'Al Qaradaoui, mais il atténue la gravité de l'apostasie et la considère plutôt comme un délit passible seulement du *ta'zir* (châtiment discrétionnaire), n'allant pas jusqu'à la peine de mort. Pour Jamal Al Banna, par contre, la *ridda* n'est pas un crime, étant donné que la *Chari'a* est basée sur la liberté de croyance dont les autres libertés découlent. Le penseur Mohamed Aamara va dans le même sens qu'Al Banna et il ouvre une brèche en faveur du dialogue avec *al mortad* (l'apostat) qu'il ne faut point contraindre à revenir à l'islam, car ce serait pure hypocrisie, ce que ne tolère point l'islam. Le Cheikh chiite Mohamed Mehdi Chams Eddine partage le même point de vue et il considère qu'il faut laisser l'apostat libre de son choix aussi longtemps qu'il n'affiche pas sa *ridda*.

La seconde différence fondamentale concerne l'égalité entre les deux sexes. Certes, dans les notes explicatives à la fin du texte de la Déclaration islamique, il est précisé que, sauf indication contraire due au contexte, le terme «personne» englobe les deux sexes. L'article 20 traite plus spécifiquement des droits de la femme mariée. Les divergences restent fondamentales concernant l'égalité absolue entre homme et femme dans les questions suivantes:

— le témoignage: celui d'un seul homme équivaut à celui de deux femmes;
— l'héritage: la part d'un homme est égale à celle de deux femmes;
— le mariage: la femme ne peut épouser qu'un musulman, alors que l'homme peut se marier avec une chrétienne ou une juive.

Ces questions ne sont pas abordées par la Déclaration islamique. Il faut noter toutefois que cette inégalité a reçu des explications qui en soulignent la sagesse. On l'explique par la complémentarité entre l'homme et la femme et on fait remarquer que ces dites inégalités sont à l'avantage de la femme. Par exemple, dans les questions de succession, la femme peut hériter de plus de sources que l'homme et dans le mariage, ce n'est pas elle qui est responsable financièrement du foyer conjugal.

Dans un tel contexte, les lectures dites traditionalistes et rigoristes du texte religieux rendent difficile de trouver des similitudes ou un fondement unique capables de concilier les droits de l'homme dans les Déclarations universelles et les Déclarations islamiques. En effet, toute tentative dans ce sens se heurte au dogmatisme des interprétations de la *Chari'a* qui elles-mêmes se réfèrent directement au Coran que les musulmans considèrent comme inamovible. Ce blocage a amené plusieurs intellectuels du courant islamiste à se pencher plus directement sur les questions épineuses de la *Chari'a* dans une perspective de conciliation avec les fondements des droits de l'homme. C'est le cas notamment du penseur islamiste Jamal Al Banna, qui affirme que la femme peut diriger la prière (*imamat*), qu'elle n'est pas tenue de porter le voile et que le fait pour elle de ne pas couvrir ses cheveux ne constitue pas une *'aoura* (nudité) séduisante et provocante menaçant l'homme et la société. La mixité (*al ikhtilat*) est un autre point que le penseur égyptien reconsidère en le tenant comme de l'essence et de la nature humaine. Sur la question du mariage de la femme musulmane avec un *kitabi* (homme du livre: chrétien ou juif), le penseur Hassan Al Tourabi l'accepte en affirmant que son interdiction n'a pas de fondement en islam et qu'elle n'est qu'une illusion trompeuse dont le seul but est de maintenir la femme dans un état de servitude. Le penseur soudanais va encore plus loin en s'opposant au Coran sur la question du témoignage de la femme devant un juge. En effet, Al Tourabi affirme l'égalité de l'homme et de la femme et il considère que toute prétention contraire va à l'encontre de la raison et de ses exigences, constituant ainsi un appel à l'obscurantisme et une omission flagrante des *maqâsid* (finalités) de la *Chari'a*.

Aussi, malgré les réticences de la plupart des *Ûlémas* actuels de l'islam envers ces idées, celles-ci pourraient ouvrir une brèche aux droits de l'homme, réinsérés dans une perspective anthropologique, soulagés de la scolastique fiqhiste et, surtout, déployés à partir d'un humanisme islamique.

5

LE DIALOGUE ISLAMO-CHRÉTIEN
ET LES EXIGENCES DE LA MODERNITÉ

La leçon civilisationnelle que retient l'histoire est la nécessité de composer avec l'idée de l'existence de l'Autre dont les convictions religieuses sont différentes. Le conflit étant vain, la solution demeure un dialogue construit et critique entre les différents référentiels. Le dialogue islamo-chrétien est une tentative pour comprendre l'Autre, pour élaborer à son sujet une vision philosophique, existentielle, non dogmatique, commune et non agressive. Pour ce faire, ce dialogue est appelé à dépasser les paramètres de la confrontation qui ont dominé le Moyen Âge des croisades (1098-1291) et de l'expansionnisme musulman. Par conséquent, on ne peut pas ignorer les exigences de la modernité pour faire aboutir le dialogue islamo-chrétien. Il est primordial de repenser les paramètres de ce dialogue pour le libérer de la controverse et d'une approche apologétique et anhistorique. Sinon, les pièges de la récupération fondamentaliste peuvent prendre le dessus. Le succès de ce dialogue dépend largement des fidèles de chaque religion ainsi que de la modernité et de ses acquis.

Le plus souvent, les réalités géoculturelles du monde de l'islam prêtent à la fois au dialogue et à la confrontation. L'intégration entre les membres des différentes branches de l'islam et celle entre les musulmans et les non-musulmans sont des réalités historiques imprégnées dans l'imaginaire des élites et des populations. Les rivalités, les tensions et les guerres constituent aussi une part de cette histoire, réelle ou imaginée, et forment des espaces de vie commune en terre d'islam. Le récit idéalisé ou restructuré de la tolérance et de l'intolérance ne devrait point échapper à la lecture critique, analytique et foncièrement historique et rationaliste.

Les appels persistants et récurrents au dialogue font partie de la tradition culturelle dominante en islam. Leur but est d'éviter ou de gérer les confrontations entre les musulmans eux-mêmes et la manipulation des idéologies de l'intolérance ou de l'excommunication. On parvient ainsi à des accommodements au sein de l'espace politique et social, permettant la coexistence des musulmans et des non-musulmans de même origine culturelle ou ethnique. Sauvegarder l'ordre et l'unité de l'*Umma* est la préoccupation principale et prioritaire de la majorité des juristes de l'islam. De même, honorer les pactes (*al mawathiq* ou *al 'ouhoud*) avec les composantes non musulmanes d'une part, et avec les communautés musulmanes non orthodoxes et non majoritaires d'autre part, est une exigence islamique.

Le dialogue entre musulmans sunnites, chiites et autres sur les questions dogmatiques, cultuelles ou politiques est aussi de mise aujourd'hui dans le monde de l'islam. Avec les nouvelles entités qui ont émergé après l'effondrement de l'empire ottoman et la décision des dirigeants nationalistes turcs d'abolir le califat en 1924, l'échiquier politique a recomposé des terreaux fertiles de frustration parmi les musulmans. Le partage des pouvoirs entre sunnites, chiites et autres branches islamistes constitue un dossier explosif, sous-jacent à la formation des idéologies étatiques et régionales. De même, la gestion de l'espace public entre les musulmans se fonde dorénavant sur deux référentiels: le référentiel islamique traditionnel «endogène» avec des lectures multiples, et le référentiel moderne européen et occidental «exogène», lui aussi sujet à diverses lectures probables.

Dans le même ordre d'idées, le dialogue entre musulmans et non-musulmans s'est imposé à l'ordre politique, soit du fait de l'apparition récente de nouveaux États dans lesquels des chrétiens participent au pouvoir, soit par la création d'États établis à partir des aspirations ethnoculturelles et ethnoreligieuses, à la suite de l'élimination du califat et du remodelage colonial de la région.

Cette nouvelle réalité géopolitique se justifie culturellement par sa correspondance avec les aspirations de la *Nahda*, en particulier avec la tentative du réformisme islamique qui, à l'ère postcalifale, après 1924, cherche à intégrer les idées de la modernité européenne dans les fondements du pouvoir (*Oussoul al hûkm*) (Ali Abdel Razeq, 1994). C'est ainsi que les États musulmans ont été amenés à adopter largement ou partiellement les notions républicaines de citoyenneté et d'égalité entre citoyens, et à fonder une approche moderne des relations entre majorités et minorités ethnoreligieuses ou confessionnelles.

En résumé, le dialogue théorique entre islam et christianisme ou le dialogue existentiel entre musulmans et chrétiens, dans l'espace arabe surtout, est un cas particulier du dialogue entre l'islam et la modernité qu'il exprime bien. Soulignons les efforts notoires d'accommodement de la pensée politique islamique aux réalités géoculturelles post-califales provoquées par la forte intrusion de l'Europe dans le domaine de l'islam (*dar al islam*).

Le dialogue des religions et le prisme occidental moderne «universalisé»

Le dialogue des religions, dans l'acception moderne de l'expression, est issu d'une idée purement éthique: le Mal qui domine le monde, surtout après les deux guerres mondiales. Mais la concrétisation de cette notion est due à des circonstances historiques. C'est, en effet, le colonialisme qui, le premier, a voulu comprendre la culture des peuples colonisés par la civilisation occidentale ainsi que leur religion et leur moralité, même si cela ne servait que les besoins de domination politique ou de prosélytisme, c'est-à-dire le projet d'européanisation du monde, selon l'expression marxiste. Par contraste avec cette acculturation imposée à des fins hégémoniques, le dialogue des religions survenu ultérieurement se veut non idéologique. Il se propose comme une voie distincte de la mentalité prosélyte et de l'universalisation forcée d'un modèle culturel, et il transcende les clivages religieux et idéologiques.

Aussi le dialogue des religions occupe-t-il la scène intellectuelle internationale depuis la fin de la Seconde Guerre mondiale, attestant ainsi de l'échec des prophéties des philosophies des Lumières (*Aufklärung*), du positivisme et du scientisme du XIXe siècle (Auguste Comte) concernant l'éclipse de la religion dans la vie sociale. Il montre également la limite des thèses nietzschéennes sur la mort de Dieu. En effet, la leçon que retient le XXe siècle est celle de la nécessité de composer et de vivre avec l'idée de l'existence d'un Autre dont les convictions religieuses sont différentes et les conceptions sur la vie sont parfois opposées ou contradictoires. Le conflit avec cet Autre étant inutile, demeure la solution d'une convivialité entre les différents référentiels, à travers un dialogue constructif et critique, libre d'attitudes de confrontation ou de visée apologétique.

Aussi se pose-t-on la question de savoir ce qu'on entend par «dialogue des religions». On peut le définir comme une attitude philosophico-mentale de compréhension de l'Autre, différent du point de vue religieux, dans le but de poser sur lui un regard exempt d'attitudes d'exclusion et de jugement de valeur partial pour ses convictions dogmatiques, cultuelles et éthiques. Par conséquent, l'exigence fondamentale de ce genre de dialogue n'est pas une objectivité absolue, mais plutôt une gestion rationnelle de la subjectivité en dépit du clivage irréductible entre des croyances et des convictions différentes. Une courtoisie maniérée et exagérée et une hypocrisie sociale ou une dissimulation politico-culturelle (*taqiya*) sont les pièges à éviter dans une telle approche. En fait, cette définition du dialogue (*hiwar*) n'est guère contradictoire avec la vision islamique du dialogue avec les autres religions, ou avec toute autre conviction, même athée, que l'on trouve du moins et principalement dans les textes sacrés. En effet, la sourate «La Caverne» raconte l'histoire ou la parabole de deux hommes aux convictions religieuses diamétralement opposées et qui réussissent à «dialoguer» («La Caverne», 32-42). Le Coran a introduit ce dialogue entre les deux hommes en dépit du fait que l'un d'eux affirme clairement son apostasie. Il faut cependant ajouter que le récit coranique retient sans gêne les termes de «blasphématoire» et d'«incroyant». Le mot arabe *hiwar*, qui signifie conversation ou dialogue, apparaît deux fois dans les versets mentionnés.

Soulignons que dans le dialogue entre les religions, on ne se préoccupe point des différences au niveau des pratiques et des dogmes religieux, et on n'essaie pas non plus d'établir la supériorité d'une religion sur une autre. L'idée centrale dans le dialogue est de comprendre l'Autre afin d'éviter de succomber au dogmatisme et à l'intégrisme. Dans l'histoire de la civilisation arabo-musulmane cependant, en dépit de la liberté religieuse, le patrimoine islamique a surtout retenu des approches apologétiques transgressant le principe de la compréhension de l'Autre et cédant à la polémique doctrinale. Cette attitude recourt aux procédés de la logique aristotélicienne, sans égard à la spécificité historique et culturelle de la formation des visions religieuses.

Le référentiel islamique: limites et horizons du dialogue avec l'Autre chrétien

En réalité, plusieurs approches sous-tendent les discours idéologiques sur le dialogue des religions. Il n'est point de dialogue «pur» ou idéal-typique. Ainsi, on distingue, à titre indicatif, plusieurs discours:

— Le discours éthique, qui s'articule sur l'échelle des valeurs morales et sur les codes d'éthique des religions, met l'accent presque uniquement sur les valeurs partagées par les interprétations dominantes de la moralité religieuse. Cette idée fait des vagues considérables ces dernières années surtout avec le projet d'éthique planétaire du théologien suisse Hans Küng, pour qui la paix mondiale passe par la paix entre les religions (Hans Küng, 1991).

— Le discours consensuel, propre à la sphère islamo-chrétienne, est en quête de convergences et de correspondances doctrinales, rituelles et dogmatiques. Dans l'élaboration des consensus, les divergences sont aplanies, aseptisées ou même ignorées. Refoulées ou intériorisées, elles restent latentes et peuvent ressurgir chaque fois que l'histoire prend un cours différent.

— Le discours institutionnel est celui de l'*establishment* clérical, tel qu'il est affiché par les institutions religieuses officielles. Un de ses traits est son endossement du principe de la raison d'État.

— Le discours fondamentaliste appuyé sur un idéal sacré qu'il interprète littéralement. C'est un discours qui conditionne le nouveau contexte au texte sacré à partir des constantes de la tradition et des exégèses traditionnelles. Il ne cherche ni les points de convergence ni les points de divergence avec l'Autre. Il s'apparente, en fait, au discours missionnaire.

— Le discours missionnaire cherche à influencer l'Autre. Il fait problème non seulement parce qu'il confond dialogue et prêche, mais aussi parce qu'il a de la difficulté à établir une relation harmonieuse avec l'Autre sans l'intégrer dans ses propres conceptions et manières de penser.

Après cette brève esquisse des différents discours, il convient de se demander si un dialogue entre des religions qui ne se reconnaissent point en tant que voies de salut peut réussir? En effet, fondamentalement, une religion ne peut accepter qu'une religion chronologiquement postérieure à elle puisse constituer une voie de salut. C'est ainsi que le judaïsme ne reconnaît ni le christianisme ni l'islam et que le christianisme ne reconnaît pas l'islam. Quant à cette dernière religion postérieure aux deux autres, elle ne les reconnaît pas et elle considère leurs textes sacrés comme apocryphes et leurs membres comme des apostats. De plus, l'islam se considère comme le seul porteur légitime du message monothéiste.

Malgré leurs racines abrahamiques, le christianisme et l'islam divergent sur plusieurs dogmes de la foi: l'unicité de Dieu, la Trinité, les Beaux Noms de Dieu, la prophétie de Mahomet, la crucifixion de Jésus et l'authenticité des livres sacrés. Les appels sincères au dialogue ont permis des échanges sur le plan des divergences doctrinales, mais ils n'ont pas dépassé le seuil des tentatives de compréhension mutuelle sans atteindre le niveau de la reconnaissance mutuelle. À cet égard, le dialogue islamo-chrétien qui s'est situé sur le plan théologique et ontologique n'a pas fait progresser le rapprochement entre les membres des deux religions. Cependant, les théologiens des Églises occidentales et orientales ont entrepris et poursuivent une critique de la littérature chrétienne sur l'islam telle que l'a articulée le Moyen Âge. Cette littérature chrétienne traditionnelle cède la place à une approche théologique plus axée sur les acquis de l'herméneutique et nourrie par les traductions musulmanes des textes sacrés et les interprétations des savants musulmans. Du côté musulman, les tentatives pour dépasser le blocage du dialogue théologique sur les dogmes sont rares.

Dans ce contexte, pour éviter le blocage dogmatique, le dialogue islamo-chrétien cherche les terrains d'entente possibles dans les domaines du politique, du culturel, du social et de l'économique, par une approche intellectuelle qui privilégie l'anthropologie à l'eschatologie et à la théologie. Cela expliquerait le désir des partenaires du dialogue islamo-chrétien de former un front commun contre l'athéisme, l'immoralité, la liberté sexuelle, l'avortement, l'homosexualité, etc. Au début des années 1960, le concile Vatican II collabora amplement à développer cette stratégie de dialogue. Tantôt par la publication de textes, tantôt par la création, au siège de l'Église catholique, d'institutions consacrées à ce dialogue de type nouveau. C'est à partir de cette période que sont mises en place, à Rome et à Genève, des institutions permanentes pour le dialogue islamo-chrétien de même que des centres de réflexion et de recherche. Des revues et de nombreux écrits lui ont été consacrés. Les papes Paul VI (1963-1978) et Jean-Paul II (1978-2005) ont entrepris de nombreuses visites dans les pays arabo-musulmans. Des rencontres internationales ont été organisées par l'Université d'Al-Azhar au Caire, par le Conseil des Églises du Moyen-Orient et par le Groupe de recherche islamo-chrétien au Maghreb et en Europe.

En outre, et à l'initiative du Conseil des Églises du Moyen-Orient, un comité arabe de dialogue islamo-chrétien encourage, depuis les années 1990, le dialogue dans les pays arabes, surtout au Liban, en Syrie, au Soudan, en Égypte, en Palestine, en Jordanie, et en Irak. Dans ces pays à majorité musulmane, il existe une population importante de chrétiens arabes dont le pacte social passe avant tout par un dialogue fondé et constructif entre les membres des religions en présence. De plus, ce rapprochement s'est concrétisé en 1995 contre les résolutions du Congrès de Pékin, que le Vatican et Al-Azhar considèrent comme incitatrices de la dépravation et donc de l'irréligion!

Il faut souligner que le dialogue islamo-chrétien a mis à son ordre du jour les dossiers suivants:

— L'aide aux peuples opprimés et la revendication de leurs droits, tels ceux des Amérindiens, des Noirs américains, des Palestiniens ou des Irakiens. Pratiquants musulmans et chrétiens font le plus souvent front commun. Il faut signaler que le pape Jean-Paul II (1920-2005) a œuvré pour la défense des peuples opprimés, a défendu les droits nationaux du peuple palestinien et a appelé à un statut de Jérusalem respectant les droits de toutes les religions monothéistes. Il a également dénoncé avec vigueur toute guerre au nom de Dieu, la considérant comme blasphématoire. La position qu'il a prise contre la guerre en Irak, en dépit des pressions américaines, et sans faire l'éloge de la dictature, a été saluée par les différents milieux musulmans. En outre, plusieurs théologiens catholiques ont présenté des excuses et demandé pardon pour les offenses commises par le passé au nom de l'Église contre les juifs et les musulmans.

— Le développement de la culture de la tolérance religieuse à la place de l'intégrisme et de l'activisme violent au nom des croyances. À cet égard, il est certain que si la mentalité conflictuelle et belliqueuse cédait la place au débat et à la compréhension entre les peuples et les cultures, un terrain d'entente pourrait être éventuellement trouvé sur plusieurs questions actuellement litigieuses. Cette perspective resterait cependant lettre morte et perdrait de sa valeur si elle ne se doublait d'une action plus concrète, d'une solidarité plus effective se traduisant par des outils d'information, d'expression et d'intervention au service des peuples et des cultures.

Dans cet ordre d'idées, il est utile de noter que depuis l'avènement de l'islam et l'instauration de l'État musulman, les échanges entre intellectuels musulmans et chrétiens n'ont presque jamais cessé. Ils ont adopté un ton parfois polémique, parfois apologétique, rarement explicatif, mais ils ont eu le mérite d'enrichir la civilisation de l'islam et de permettre aux cultures juive et chrétienne une meilleure compréhension d'elles-mêmes et des messages divins et humains.

Aussi faut-il rappeler que l'islam est né dans un milieu sémite, animiste et judéo-chrétien. Même si les Arabes de la péninsule arabique ne se sont pas convertis massivement au judaïsme et au christianisme, des communautés chrétiennes ont été excommuniées par les conciles de Nicée (325) et d'Éphèse (431), dont les nestoriens et les adeptes d'Arius. La répartition spatiale des chrétiens était relativement dense dans les villes et les oasis qui longeaient les routes vers l'empire chrétien de Byzance: la Palestine, la Syrie, l'Égypte, ainsi que les limites de l'empire sassanide mazdéen et persan. Le territoire le plus important était celui des chrétiens de la vallée Najrane en Arabie. Même La Mecque a connu une présence chrétienne, incarnée par la figure emblématique de l'époque: le moine Ouaraqa Ibn Naoufal, le cousin de Khadîdja, première épouse du prophète Mahomet. Des statues et des icônes chrétiennes figuraient d'ailleurs dans le panthéon de La Mecque[1]. Cette spiritualité est mise en exergue dans le Coran, qui décrit ces chrétiens comme les adeptes des autres religions les plus proches des musulmans:

> Tu trouveras certainement que les Juifs et les associateurs sont les ennemis les plus acharnés des croyants. Et tu trouveras certes que les plus disposés à aimer les croyants sont ceux qui disent: «Nous sommes chrétiens.» C'est qu'il y a parmi eux des prêtres et des moines, et qu'ils ne s'enflent pas d'orgueil. («La Table», 84)

Le rapprochement islamo-chrétien est mis en évidence, aussi et surtout, dans la relation entre les moines chrétiens et les premiers soufis musulmans. Ces derniers, en fait, rendaient visite aux

---

[1] Edmond RABBATH, *L'Orient chrétien à la veille de l'Islam*, Beyrouth, Université libanaise, 1980.

prêtres et moines chrétiens dans leurs monastères pour apprendre les principes de la vie austère et la manière de se désintéresser des plaisirs de la vie[2].

Ainsi, le dialogue avec le christianisme puise ses principes dans le Coran et la *Sunna* du Prophète de l'islam. Le Coran («La Famille d'Imran», 59 et 64) fait allusion à la controverse doctrinale sur la nature divine et humaine de Jésus qui a eu lieu entre Mahomet et une délégation chrétienne de Najrane. Ce qui est important dans cette rencontre à la fois politique et théologique, c'est que pour la première fois des chrétiens ont prié dans une mosquée (celle du Prophète de l'islam), et que s'est instauré un dialogue entre chrétiens et musulmans en dépit des différences théologiques fondamentales et irréductibles entre eux. De plus, dans la perspective d'établir un dialogue entre les différentes religions, le Coran fait de la connaissance des autres religions et groupes humains une nécessité («Les Appartements privés», 12). Ce verset trace le cadre général du dialogue interreligieux basé sur la connaissance de l'Autre et de ses convictions, à travers l'instauration de relations entre les différents peuples. Cependant, parce que ce dialogue est ambivalent (*mûtachabih*), un autre verset précise la «meilleure façon» de l'instaurer («La Famille d'Imran», 64). En fait, cette «meilleure façon» consiste à chercher les points communs des religions en question pour éviter que les divergences ne s'approfondissent, en se situant dans le paradigme du monothéisme dont les principales caractéristiques sont l'unicité de Dieu et l'eschatologie. Rappelons qu'en ce qui a trait à l'unicité de Dieu, le dogme de la Trinité, intégré à la représentation monothéiste du christianisme, introduit une complexité d'ordre théologique relative à la conciliation entre l'unité de l'essence divine et sa divisibilité. Quant à l'eschatologie, elle consiste à croire au destin *post mortem* de l'individu, au jugement qu'il subira dans l'au-delà, à son salut ou sa damnation, ou encore à sa réincarnation future.

---

[2] Mahmoud AYOUB, *Dirasat Fi Al iAlaqat Al Masihiyya Al Islamiyya* (Études sur la relation entre le christianisme et l'islam), 2 vol., Liban, Balamand University, 2000-2001.

Chaque religion aspire à se substituer à ses concurrentes en voulant monopoliser pour elle la voie du salut. Par exemple, le judaïsme revendique pour lui le statut de «peuple élu», une notion qu'on trouve également dans le Coran:

> Vous êtes la meilleure communauté qu'on ait fait surgir pour les hommes, vous ordonnez le convenable, interdisez le blâmable et croyez à Allah. Si les gens du Livre croyaient, ce serait meilleur pour eux, il y en a qui ont la foi, mais la plupart d'entre eux sont des pervers. («La Famille d'Imran», 110)

La tolérance qui consiste à reconnaître soit un fait soit l'existence de l'Autre n'élimine cependant pas le prosélytisme religieux. Pour l'islam, la valeur d'une religion dépend de l'importance qu'elle accorde à l'obéissance à Dieu plutôt qu'à la poursuite des biens matériels («La Table», 48).

De ces différents versets, il ressort que l'islam, en tant que religion et au moins dans son élaboration textuelle et théorique, accepte la cohabitation avec les autres religions. En effet, plusieurs versets vont dans ce sens, tel celui-ci:

> Nulle contrainte en religion. («La Vache», 256)

D'autres versets corroborent l'idée de la liberté de culte dans l'islam, en l'étendant même aux athées («Jonas», 99 et 100). Un autre verset postule que la foi est un choix strictement personnel («La Caverne», 29). Encore faut-il préciser que ce dernier verset a joué un rôle plus ou moins important pour limiter les excès de certains califes dans leur défense de la religion musulmane. C'est ainsi que plusieurs ex-chrétiens ont pu se reconvertir au christianisme sans être poursuivis pour apostasie, ce qui a permis au christianisme oriental de se maintenir, au moins partiellement, en terre d'islam. Cependant, l'approche de tolérance et d'ouverture, soit au niveau du dialogue des musulmans ou des chrétiens entre eux, soit au niveau plus global du dialogue islamo-chrétien, est cependant confrontée à des attitudes extrêmes d'intolérance. Tels sont, par exemple, du côté musulman, la condamnation d'autres musulmans, comme les chiites, au nom de l'allégeance et obéissance à Dieu, à son Prophète et à la communauté des fidèles, et par nécessité d'éloigner les apostats et les infidèles (*al wala' wal bara'a*), le fait de considérer les apostats comme damnés (*'an al kuffar*), ou encore la permission accordée de tuer les mécréants (*tahlil dam al kafir*), ou, du côté chrétien, le refus de communion entre les Églises. Les organisations chargées du dialogue devraient se pencher avec plus d'attention sur ces attitudes d'extrême intolérance.

Si le dialogue entre religions est positivement considéré dans le Coran et les pratiques du Prophète, qu'en est-il maintenant des penseurs contemporains de l'islam?

Dialogue intra et interreligieux, démocratie citoyenne et droits de la personne

Les prémisses du dialogue islamo-chrétien trouvent leur origine dans la *Nahda* arabe. L'effervescence culturelle de cette période a permis de poser les fondements d'un double dialogue: entre musulmans et chrétiens arabes d'un côté et, de l'autre, avec la culture européenne qui s'employait à remodeler les schèmes de pensée et les structures politiques et économiques de ces régions.

Un des événements fondateurs de ce dialogue est la rencontre entre le prêtre anglais Isaac Taylor et le penseur musulman Cheikh Mohamed Abdou (1849-1905), en 1883, à Damas. Ces deux personnalités ont convenu de comparer les enseignements de leurs religions respectives. Puis les intellectuels arabes du début du XXe siècle vont assister à un grand débat entre Mohamed Abdou et Farah Antoun sous le titre de «L'oppression en islam et dans le christianisme», sur les pages des revues de l'époque, *Al Jami'a* et *Al Manar*. En fait, c'est dans ce débat que furent introduits dans la pensée politique arabe contemporaine, de façon scientifique et structurée, les concepts de laïcité, de liberté et de rationalité enracinés philosophiquement dans les Lumières européennes. À cette époque, le débat entre les défenseurs du dialogue et ses opposants est d'actualité dans les cercles musulmans. Parmi les plus célèbres défenseurs de ce dialogue figurent Rifaa Tahtaoui (1801-1872) et Aberrahman Al Kawakibi (1848-1902).

Plus près de nous, les penseurs contemporains favorables au dialogue comptent dans leurs rangs les religieux chiites duodécimains Mohamed Mehdi Chams Eddine et Mohamed Hussein Fadlallah, le Libanais sunnite Hassan Saâb, l'historien Tarif Khalidi, les penseurs politiques soudanais Hassan Al Tourabi et Sadek Al Mahdi, etc. Ces penseurs et activistes s'accordent sur un point: le dialogue avec la religion chrétienne. Ils ont la conviction de pouvoir dépasser les divergences engendrées par les certitudes religieuses, instaurer la rencontre sur des visions communes et s'entendre sur des questions communes d'intérêt public (*al khayr al 'am*). L'exemple le plus frappant est celui du penseur égyptien Mohamed Aamara. Dans son ouvrage récent intitulé *La crise du christianisme et de la laïcité en Europe*, il estime peu instructive, sinon négative, son expérience de participation aux différents congrès pour le dialogue entre musulmans et chrétiens occidentaux. Selon Aamara, ces débats sont dépourvus des bases élémentaires nécessaires au dialogue, à savoir la reconnaissance réciproque et l'acceptation de l'Autre, si bien qu'actuellement, il s'agit d'un dialogue de sourds. Par conséquent, affirme-t-il, il s'agit d'un dialogue avec soi-même et non avec l'Autre. L'auteur reproche aux chrétiens d'Occident de ne point considérer l'islam comme une religion mais comme un simple fait historique que la réalité a imposé *de facto*. L'islam, au contraire, considère le christianisme comme une religion, en dépit de divergences dogmatiques fondamentales. En cela résident la pierre d'achoppement de ce dialogue et la cause de sa stérilité. En fait, dans son ouvrage, Mohamed Aamara va encore plus loin, accusant les cercles chrétiens occidentaux impliqués dans ce dialogue d'occulter leurs intentions de prosélytisme, et les critiquant pour leur silence de connivence sur les malheurs du monde musulman, depuis la Palestine jusqu'à la Tchétchénie, en passant par la Bosnie, l'Afghanistan et l'Irak. Ces jugements de valeur sans nuances de Mohamed Aamara ont cependant le mérite de souligner l'existence d'un malaise certain!

Cette position vis-à-vis du dialogue avec le christianisme est encore plus radicale de la part des islamistes fondamentalistes.

En s'appuyant essentiellement sur les écrits d'Ibn Taymiya (1263-1328) et d'Ibn Al Qayyim (1292-1350), ils considèrent que les gens du Livre, les juifs et les chrétiens, sont soit coupables d'avoir encouru la colère de Dieu, les juifs, soit égarés de la juste voie, les chrétiens. Dans la même perspective, et toujours selon cette mouvance, ce qui a amené certains penseurs musulmans à prôner le dialogue avec les autres religions est leur ignorance des principes de la religion musulmane. Ils considèrent, quant à eux, que la tentative de rapprochement entre les religions monothéistes est en soi un éloignement de la religion musulmane! Cela constitue une transgression à la *Chari'a*, à l'ensemble des principes de la législation musulmane.

De la sorte, il est clair qu'un dialogue dans lequel les interlocuteurs se cantonnent dans la reproduction de leurs référentiels dogmatiques respectifs se trouve dans l'impasse. Aussi espère-t-on trouver une issue à ce blocage en positionnant le débat dans un nouveau repère, le paradigme de la modernité. Toutefois, avant d'aborder cette problématique, il est pertinent de s'interroger sur la position des tenants du dialogue des religions concernant la question des droits de l'homme.

Les relations entre les droits de l'homme, ou de la personne, et les religions monothéistes sont historiquement difficiles. Dans la culture européenne, les droits de la personne selon les différentes chartes: l'Édit de Nantes et ses antécédents (1562-1598), la Déclaration des droits de l'homme et du Citoyen de 1789, etc. s'inscrivent dans une démarche de sécularisation de l'espace public et de recul de la domination cléricale. La raison européenne se préoccupait de la liberté de l'individu face à l'État et à l'Église, de ses droits citoyens et de la gestion de la pluralité, comme données sociétales à protéger. Et même aujourd'hui, alors que les droits de l'homme font l'objet, d'une part, d'une intégration par l'Église, la catholique, surtout, dans sa doctrine sociale et, d'autre part, d'une tentative de réconciliation avec la *Chari'a* par certains théologiens musulmans, le conflit persiste toujours entre les concepts de droits prônés par les deux religions et l'universalité que la Charte des droits de l'homme revendique pour ces derniers.

Il est juste de rappeler aussi qu'en 1963 le pape Jean XXIII publia l'encyclique *Pacem in terris* qui porte le sous-titre suivant: «Sur la paix entre toutes les nations, fondée sur la vérité, la justice, la charité, la liberté.» L'encyclique reconnaît l'Organisation des Nations Unies ainsi que les droits de l'homme. Elle considère la Déclaration universelle de ces droits comme un pas vers l'établissement d'une organisation juridico-politique de la communauté mondiale. Cependant, la crédibilité de l'Église en regard des droits de l'homme ne dépend pas uniquement de son engagement envers les organisations qui en font la promotion mais aussi de leur respect en son sein même. Aussi la tendance qui exige ce respect à l'intérieur de l'Église insiste-t-elle sur les questions relatives à la place faite aux laïcs dans l'Église, à l'ordination des femmes et au mariage des prêtres catholiques.

En ce qui concerne la religion musulmane, les conflits entre l'interprétation classique et traditionnelle de la *Chari'a* et les droits de l'homme sont multiples. Il faut retenir, principalement, l'institution de l'esclavage, la situation de la femme considérée comme inférieure à l'homme, la polygamie, l'âge du mariage des filles et le principe de la liberté de culte ou de conscience.

L'exégèse moderne du Coran et des *hadiths* semble être au centre de la discussion islamique sur les droits de l'homme. Certaines interprétations récentes du Coran y trouvent un fondement à la dignité humaine, tel le concept de l'homme comme lieutenant de Dieu sur terre (*khalifatou Allah fi al Ard*) («La Vache», 30). Cette conception est mise en relation avec les exigences modernes de liberté et d'égalité, mais on peut aussi rapprocher le vicariat, qui fonde la dignité humaine, du point de vue biblique selon lequel l'homme est fait à l'image de Dieu. Beaucoup de théologiens musulmans interprètent un autre verset du Coran («Les Coalisés», 72) portant sur la responsabilité (*al amana*) octroyée par Dieu aux hommes après qu'elle fut refusée par les autres créatures, comme la liberté dans le sens de la responsabilité morale. Ainsi, la dignité humaine, qui est le fondement des droits de l'homme, peut être saisie à partir du Coran. Cela est un acquis important pour le dialogue.

Mais une bonne partie des articles de la Déclaration des droits de l'homme ne sont pas compatibles avec la *Chari'a*, tels l'article 5 sur l'interdiction des châtiments corporels ou l'article 27 sur la liberté des arts. Un premier point concerne l'esclavage. L'islam n'ignore point l'institution de l'esclavage et le Coran contient des règles pour le traitement des esclaves. Cependant, il ne prescrit pas l'existence de l'esclavage. Au contraire, libérer un esclave procure du mérite. Cette institution dominait le mode de vie préislamique et l'avènement de l'islam ne pouvait l'abolir d'une façon absolue, mais les règles de la *Chari'a* contiennent des dispositions qui ont beaucoup contribué à la libération des esclaves. Selon l'interprétation dominante, l'islam a prescrit l'abolition de l'esclavage. Le second point concerne les châtiments corporels (*hûdûd*) prescrits dans la *Chari'a*. Il n'est pas possible de les ignorer, bien que, vu l'évolution des mœurs à travers le temps, ils ne correspondent plus à l'opinion ou à la morale de la majorité des musulmans. Des interprétations nouvelles du Coran et de la *Chari'a*, notamment celles du philosophe arabe Mohamed Abed Al Jabri, affirment que les prescriptions pour prouver l'adultère ou un autre crime sont énoncées de manière à ce qu'il soit pratiquement impossible de les remplir. Y sont exigés, par exemple, quatre témoins, la détermination de la position, etc. Elles en concluent que ces peines corporelles ne sont pas destinées à être appliquées mais qu'elles sont plutôt une forme symbolique de dissuasion, comme le soutient Al Jabri. Le troisième point porte sur la discrimination contre la femme dans la *Chari'a*. Cette discrimination n'est pas compatible avec les droits de l'homme, d'autant plus que sous certains aspects elle n'est plus acceptée, ni dans les interprétations modernes de la tradition religieuse, ni dans la vie quotidienne. Par exemple, beaucoup de musulmans n'agréent plus la polygamie.

En ce qui concerne la discrimination contre les non-musulmans, les chrétiens et les juifs, dans le passé, au temps de l'empire musulman, elle a mené à l'établissement du statut de *dhimmi* (protégé). Ce dernier a été aboli ou fortement contesté par la propagation des idées républicaines et de l'égalité dans la citoyenneté dans l'ensemble des pays musulmans. Quant aux animistes et aux païens, plusieurs d'entre eux dénoncent ce qu'ils considèrent comme une incitation à la conversion forcée, plusieurs cas en Afrique sub-saharienne, au sud du Soudan en particulier. Les musulmans qui cherchent une interprétation du Coran qui ne contredise pas l'égalité entre tous les hommes citent volontiers le verset stipulant qu'il n'y a point de contrainte en religion. Mais ce verset ne peut pas faire oublier les prescriptions coraniques discriminantes, par exemple, celles concernant l'apostasie. Les exemples récents concernant les intellectuels arabes tels que Farag Fouda, assassiné en 1992, Nasr Hamed Abou Zeid, Nawal Assaadaoui, Sayyed Al Qomni et même le romancier et Prix Nobel Naghib Mahfoudh sont significatifs. Ces intellectuels ont été déclarés apostats à partir d'interprétations rigoureuses du texte religieux.

Le dialogue islamo-chrétien sur les droits de l'homme a aussi un aspect très pratique. Il peut permettre de clarifier les bases sur lesquelles établir un engagement commun en faveur de la paix et de la justice dans le monde. Ces bases communes ne peuvent pas être déterminées uniquement à partir de la tradition religieuse monothéiste, mais elles doivent inclure également les droits de l'homme dont un véritable dialogue interreligieux suppose le respect. Sans la liberté religieuse et sans le respect du partenaire d'une croyance différente, le dialogue n'est pas possible. Ce dernier ne se résume pas à une comparaison de doctrines ou à une docte discussion théologique entre érudits, mais il consiste plutôt en un partage de convictions pour communier dans la vérité. Puisque le dialogue n'est possible que dans la mesure où respect de la personne et liberté religieuse vont de pair, celle-ci doit être un sujet central du dialogue. Ainsi les chrétiens et les musulmans sont-ils invités à dépasser les attitudes d'incrimination et d'égocentrisme et à élaborer une réflexion plus profonde en vue de concilier leurs valeurs particulières avec celles de la modernité, qui sont le propre de toute l'humanité. Il s'agit d'une réflexion de nature existentielle et structurelle, et ordonnée par la nécessité de bien vivre ensemble dans la société actuelle.

Modernité/intégrisme ou le paradigme de l'interculturel

Après le 11 septembre 2001, le dialogue islamo-chrétien a regagné l'attention des élites intellectuelles, même celles qui affichent des convictions non religieuses. Les craintes des répercussions néfastes des tambours de la «guerre des religions» et du «choc des civilisations» ont mis les membres des deux monothéismes sur un pied d'alerte. La vigilance est devenue de mise et aussi l'esprit critique à l'égard de toute banalisation des différents discours qui incitent à la haine religieuse, au fanatisme et à l'obscurantisme.

Le choc du 11 septembre et ses contrecoups révélaient, il est vrai, les limites de la modernité. Mais ils rendaient également manifestes les tentatives réitérées des fondamentalistes pour imposer de manière exclusive leurs interprétations littérales et activistes des textes sacrés et des piliers de la foi. On le remarque principalement par la propagation épidémique des justifications très étoffées de la violence religieuse qui s'appuient sur des références à l'idéal coranique ou aux textes bibliques.

Du coup, le dialogue islamo-chrétien se trouve devant de nouveaux défis: comprendre la violence exercée au nom d'une religion, distinguer ce qui relève du politique et de l'idéologie de ce qui concerne la foi, et réviser le contenu de son argumentation. Cette réflexion analytique et critique doit servir à recentrer les approches traditionnelles du dialogue interreligieux et interculturel consistant dans l'apologie d'une religion et d'une culture aux dépens de l'Autre. L'heure est désormais aux sociétés plurielles que l'on pourrait qualifier, plus précisément, de «pluricommunautaires», où plusieurs confessions religieuses ou ethno-religieuses forment le tissu social de leur société d'accueil, liées par un pacte social qui fonde la paix civile. Cette nouvelle réalité invite à un dialogue pluridimensionnel, intrareligieux et intraculturel, et dont la pertinence a trop souvent été mise en doute par le passé.

Ceci étant considéré, le dialogue islamo-chrétien doit se développer autour de plusieurs axes de réflexion qui tranchent avec le dialogue passé entre musulmans et chrétiens.

Un premier axe de réflexion est celui de la religion comme marqueur identitaire. Sur ce plan, la question qui se pose est la suivante: jusqu'où doit aller la reconnaissance, par la société, de la religion en tant qu'élément fondateur de l'identité culturelle? Pour le dialogue islamo-chrétien, cela implique de reconsidérer le rôle d'élément structurel de participation à la société civile assumé par l'appartenance religieuse dans la culture contemporaine. Dans le cas de l'islam, par exemple, les différentes aires culturelles ont une influence majeure sur l'identité des musulmans et sur leurs réactions face aux exigences de la modernité, ainsi que sur la promotion des valeurs civiques et politiques. Du fait que l'islam soit une civilisation universelle, les musulmans jouissent d'une grande diversité d'appartenances culturelles, d'ordres ethnique, linguistique, régional et socio-économique. En ce sens, le référent dogmatique ne peut seul constituer un marqueur identitaire de première influence. Il y a des différences notables et décisives au niveau du comportement social, de la perception de l'Autre et des relations culturelles, entre les communautés musulmanes des différents espaces géographiques et géoculturels. À titre d'exemple, le «benladinisme» n'est pas représentatif de l'ensemble de la mouvance islamiste, et bien moins encore des musulmans. Il est tributaire des particularités de l'entité saoudienne, de ses sources idéologiques wahhabites et de son mode de vie tribalo-clanique.

Un autre axe de réflexion est celui du rôle de la religion dans la gestion des politiques intérieures et de la politique extérieure de l'État. Pour ce faire, une exigence s'impose au dialogue islamo-chrétien: en tenant compte du visage multiculturel fondé sur la laïcité, il est primordial de dissocier de la foi religieuse la dimension politique et le rôle idéologique qu'il est possible de lui attribuer.

Ainsi, pour le christianisme, le siècle des Lumières, le XVIIIe siècle, s'élève comme un phare. Il s'agit d'un triomphe épistémologique de grande envergure qui change la façon d'envisager le rapport des hommes et des femmes à l'État. Dans la chrétienté occidentale, la modernité de l'espace politique est un phénomène établi, même là où l'Église est prégnante: la Couronne britannique, où la reine est à la tête de la hiérarchie cléricale, et les États-Unis, nation élue à la «destinée manifeste» et pays tributaire de Pères fondateurs, où la Bible sert de référence fondamentale dont les chrétiens doivent s'inspirer dans leur action afin de déjouer les pièges posés par l'exacerbation de la polarisation des discours religieux et antireligieux. Donc, le «combat» entre christianisme et modernité n'est plus à l'ordre du jour, même si certains irréductibles le continuent. La gestion de l'espace public est décidément séculière, y compris sur le plan idéologique, et non pas guidée par les références religieuses.

Quant à l'islam, cette question lui rappelle l'exigence d'élargir l'horizon de la réflexion qui a cours en son sein. Parce qu'il sent que, dans la culture occidentale, le danger le menace d'être purement et simplement assimilé, ses penseurs se préoccupent de délimiter la place qu'il peut et doit occuper dans l'espace culturel arabe ou islamique, et de la manière de faire face aux défis posés à la civilisation musulmane. La préoccupation principale, certainement justifiée, est de parer aux projets hégémoniques des puissances étrangères et de répondre aux besoins d'unité de la *Umma*.

La question du rôle de la religion dans la gestion de l'État évoque, en filigrane, un des points sensibles du dialogue entre chrétiens et musulmans en Occident: celui des différentes notions de pouvoir politique dont la problématique et l'expression sont issues de l'époque expansionniste des croisades d'une part, et des empires islamiques d'autre part. Plus précisément, la notion d'un pouvoir n'appartenant qu'à Dieu et la conception selon laquelle il n'y a pas d'autre pouvoir que celui qui vient de Dieu (*hakimya illa lillah*). Ce débat a des répercussions directes sur la reconnaissance de la légitimité du droit civil, du droit à la différence et de la liberté de conscience, pierre angulaire du pluralisme religieux. Il est donc impératif que le dialogue islamo-chrétien dépasse les paramètres de confrontation qui ont dominé le Moyen Âge des croisades et la période de la montée en puissance des empires musulmans omeyyade, abbasside, ottoman, persan et moghol.

Le dialogue «asymétrique» entre chrétiens et musulmans devrait aussi tenir compte de la différence des points de vue entre les interlocuteurs, afin d'aplanir les différends. Il est évident, en effet, que la situation des chrétiens et celle des musulmans dans le monde diffèrent. Une telle considération apporte un éclairage supplémentaire aux trois grands axes de réflexion présentés ci-dessus. C'est pourquoi la réflexion s'impose sous trois angles. Le premier est celui des relations entre musulmans majoritaires et chrétiens minoritaires dans l'espace musulman (*dar al-islam*). Sur ce plan, le débat actuellement ouvert porte sur la place des minorités musulmanes et non musulmanes lors de l'application de la *Chari'a*. Ici, les cas de l'Égypte, du Soudan, de l'Indonésie et de l'Irak sont significatifs.

Le deuxième angle est celui des relations entre chrétiens majoritaires et musulmans minoritaires dans l'espace libéralo-démocratique occidental. Le débat est aussi ouvert, puisque le christianisme, en retrait de l'espace politique, est plutôt une référence patrimoniale qu'une source de jurisprudence ou de législation.

Enfin, le troisième angle est celui des relations entre les chrétiens des communautés immigrantes en provenance de pays où la religion de l'islam est majoritaire et les musulmans immigrants dans l'espace libéralo-démocratique, et qui vivent tous au sein du modèle interculturel occidental, par exemple, au Canada. Ces deux groupes sont confrontés aux exigences de l'intégration et de l'appartenance à la nouvelle *polis* dont les piliers ne sont pas religieux. De ce point de vue, le cas du Québec, une société fondée sur le code civil laïque et un multiculturalisme limité, et celui du Canada anglais, une société fondée sur le Common Law et un multiculturalisme reconnu (rapport Boyd), méritent une réflexion approfondie de la part des responsables du dialogue islamo-chrétien. La mémoire de ces nouveaux citoyens, lourde des frustrations du passé, devrait être ouverte au dialogue, à la critique et à l'autocritique dans l'espace canadien.

Quoi qu'il en soit, il n'est plus permis aujourd'hui d'ignorer les exigences de la modernité et ses valeurs fondamentales: l'égalité dans la citoyenneté, la liberté religieuse et celle de critiquer la religion pour faire aboutir le dialogue islamo-chrétien. Il est primordial de repenser les paramètres de ce dialogue pour le libérer de la controverse et des approches apologétiques et anhistoriques.

Autrement, les pièges de la récupération fondamentaliste exclusiviste risqueraient de se refermer sur nous, cautionnant des guerres de religion, le désordre et le chaos. Pire, la manipulation obscurantiste s'imposerait comme la seule voie fidèle aux idéaux de la doctrine. Le succès du dialogue islamo-chrétien dépend largement du succès du dialogue entre les membres de chaque religion, d'une part, et avec la modernité et ses acquis, d'autre part.

6

LA VIOLENCE POLITIQUE
AU NOM DE L'ISLAM

Le terme *jihad* est amplement utilisé par les médias pour désigner un vecteur mobilisateur des mouvements islamistes contemporains, qui prônent la guerre ouverte contre l'Occident en général et spécialement les États-Unis. En effet, depuis le 11 septembre 2001, toute une littérature a vu le jour, débattant du sujet sans pour autant mettre en évidence les différents points de vue des penseurs de la sphère musulmane qui ne sont guère consensuels, en dépit de l'utilisation du même référentiel théologique et juridique.

Un détour par l'origine du mot *jihad* s'impose. Étymologiquement, le mot arabe *jihad* veut dire «effort accompli en vue de la réalisation d'un objectif». Et généralement, la théologie musulmane distingue le «grand *jihad*» et le «petit *jihad*». Le premier doit être mené par le musulman en vue d'une purification spirituelle, en suivant fidèlement les enseignements de Mahomet et en modelant rigoureusement son agir sur celui du Prophète de l'islam. Cette étape est préalable à l'instauration de la prédominance de l'islam dans le monde, par les *fûtûhat* (conquêtes). Depuis le début du XXe siècle, la primauté est donnée à cette forme du *jihad* dans la mesure où la décadence du monde musulman l'a placé sous la domination des puissances étrangères. En effet, devant la nécessité d'opérer un redressement interne à la *Umma* par un retour aux sources pures de l'islam, le *jihad* apparaît comme la condition nécessaire pour échapper à l'emprise de la tutelle étrangère.

C'est l'idée développée par le mouvement réformiste depuis le XIXᵉ siècle; c'est aussi la position des Frères musulmans et d'autres mouvements islamistes. Le deuxième *jihad* ou «petit *jihad*» est le combat «saint» et guerrier, que les musulmans doivent mener pour se défendre et s'imposer à leurs ennemis.

Cette seconde forme du *jihad*, la plus retenue par l'imaginaire collectif occidental et non musulman, a naturellement évolué à travers le temps et relativement aux circonstances historiques. La notion du *jihad* a été largement extrapolée, voire instrumentalisée par la raison politique arabo-musulmane depuis la Grande Discorde (*Fitna*) dont sont issus les schismes religieux dans l'islam politique. Elle est en effet passée du statut d'obligation rituelle conférée par la tradition au début des guerres entre la petite communauté musulmane entourant le Prophète et celle de la tribu Qoraish, alors non convertie à l'islam, à celui de sixième pilier de la religion musulmane[1]. Est-il légitime de se demander jusqu'à quel point l'utilisation contemporaine du concept du *jihad* est conforme aux préceptes de la religion musulmane? Mais, avant d'aborder cette problématique en traitant de l'émergence du concept du *jihad* dans le discours islamiste ainsi que dans les interprétations modernes contemporaines, il paraît idoine d'énumérer brièvement certaines caractéristiques du *jihad* en islam.

La théologie musulmane a établi des principes pour le *jihad*, qu'on peut formuler ainsi:

— *La bonne intention*. Ce qui veut dire que le musulman, pour participer au *jihad*, doit le faire pour Dieu et pour Lui seul.
— *L'autorisation des parents ou tuteurs*, quand le *jihad* n'est pas obligatoire pour tout le monde, dans le cas d'une grande menace.
— Le *jihad* doit être mené *sous le commandement d'un Imam-Emir*, musulman.

---

[1] Les cinq piliers de l'islam sont: l'attestation, la prière canonique, l'aumône légale, le jeûne et le pèlerinage à La Mecque. Ils constituent les obligations de base pour chaque musulman qui est en âge de les accomplir.

— *La bonne préparation à la guerre*, y compris l'armement et la logistique.

— *L'obéissance complète à l'Imam-Emir*. Ce dernier point peut nous renseigner sur le rôle du leader au sein des mouvements qui prêchent le *jihad* comme combat nécessaire à la communauté musulmane, par exemple, Ben Laden, Zawahiri, Zarqaoui.

Après cette brève esquisse, qu'en est-il de ce concept et de son émergence dans le discours islamiste contemporain?

L'émergence du concept du *jihad* dans le discours islamiste: du wahhabisme et du salafisme réformiste au jihadisme

En général, l'islam politique contemporain, y inclus le réseau Al Qaïda, considère qu'il continue la confrontation du mouvement islamiste représenté par le salafisme de Jamal Eddine Al Afghani (1839-1897) et de Mohamed Abdou (1849-1905) contre les expansions coloniales de la fin du XIXe siècle. Force est de constater, toutefois, qu'il y a une différence entre l'islam politique de ce mouvement et celui des groupes jihadistes qui prônent la violence sous la bannière du *jihad* en islam. Certes, ces deux tendances sont issues d'une réaction qu'on interprète parfois comme de la légitime défense, cependant, les faits qui les ont engendrés ne sont pas de même nature.

Le premier fait est le colonialisme. À partir du XIXe siècle, le colonialisme n'était pas orchestré par un seul pays européen mais par plusieurs d'entre eux déjà en conflit. Le but était clair: s'approprier les ressources naturelles et contrôler les routes commerciales, par conséquent coloniser plusieurs pays et nations: le Maghreb, le Machrek, l'Asie, etc. En outre, l'action des hommes politiques européens de l'époque ne s'inscrivait pas dans un cadre religieux mais laïque, conformément à la tradition positiviste de ce siècle de la modernité politique. Les maîtres penseurs du colonialisme ne voyaient point de menace dans l'islam en tant que religion et culture.

Le second fait est «l'hégémonie américaine», c'est-à-dire la supériorité du modèle américain en économie, en politique et dans le domaine militaire. Certains théoriciens américains la considèrent comme une concrétisation de la thèse du choc des civilisations, dont la civilisation musulmane qu'il faut contenir. Cette idée, qui peut cacher le jeu des intérêts dans le champ des relations internationales, est largement cultivée dans les discours théoriques et prêcheurs des islamistes radicaux.

La pensée véhiculée par les mouvements islamistes peut être saisie à partir du choc de la modernité subi par l'espace arabo-musulman depuis le début du XVIIIe siècle. Au sein de ce courant, plusieurs tendances estiment que le déclin du monde musulman est dû à la renonciation au «petit *jihad*» et qu'en raison de la menace et de l'occupation des terres de l'islam, tout musulman est tenu de défendre la *Umma*. C'est dans cette perspective que le monde arabo-musulman a vu naître, tout le long de son histoire, des mouvements «réformistes» qui, tous, ont critiqué la société musulmane sur la base de l'autorité sacralisée des ancêtres vertueux (*assalaf assaleh*), spécialement le Prophète et ses compagnons, d'où toute institution et même toute valeur tire sa légitimité. De là, le mot «salafisme».

Cet appel «salafiste» est conçu comme une autocritique de la société musulmane elle-même. Ainsi au XVIIIe siècle, par exemple, le mouvement du wahhabisme, relativement à Mohamed Ibn Abdel Wahhab (1703-1791), va prendre naissance dans la péninsule arabique. Ce mouvement se réfère fondamentalement à la pensée d'Ibn Taymiya (1263-1328), liée elle-même à la pensée d'Ibn Hanbal (780-855), le fondateur d'une des quatre grandes écoles de jurisprudence sunnite, le hanbalisme qui, en matière de méthode jurisprudentielle, est plutôt rigoriste. Contrairement à ce que laisseraient penser certains groupes islamistes dissidents se réclamant eux-mêmes du wahhabisme, le contenu de l'appel de ce dernier est essentiellement religieux et éthique, et non point politique. Il avait pour objectif de rectifier les déviations et les erreurs introduites dans les pratiques des musulmans, et qui pouvaient mener au polythéisme et à l'apostasie. Son principe est celui de *amr bi almaarouf wa nahy ala almounkar* (le commandement du bien et l'interdiction du mal). Toutefois, force est de remarquer que le «choc de la modernité» va renouveler et modifier le salafisme wahhabite, mais cette fois en Égypte, grâce à Al Afghani et Abdou. Le mouvement de ces deux penseurs réformistes peut être considéré comme une coupure épistémologique avec le wahhabisme, puisqu'il en a englobé les principes, mais pour les dépasser dans une autre dimension, celle du progrès vis-à-vis de l'Occident.

En effet, l'idée de «progrès», que la pensée d'Ibn Abdel Wahhab ne retenait pas, va devenir centrale pour le mouvement salafiste réformiste d'Al Afghani et Abdou. De plus, «l'Autre» conquérant qui, pour le wahhabisme, était les Turcs, va devenir pour les salafistes, «l'Occident impérialiste» situé en dehors de la terre d'islam (*dar al islam*). Il est à noter aussi que la stratégie du salafisme moderniste n'était ni révolutionnaire ni jihadiste. Certes, plusieurs mouvements nationalistes et révolutionnaires opposés à la puissance coloniale, s'inspirant de la pensée d'Al Afghani et Abdou, ont vu le jour dans le monde arabo-musulman, mais ces mouvements armés n'avaient pas d'ambition mondiale et n'ont point essayé d'internationaliser leurs révolutions. Leur horizon est demeuré national et interne. On peut citer l'exemple de la révolution de l'émir Abdel Kader, en Algérie (1832-1847), d'Al Mahdi, au Soudan (1880-1898), d'Omar Al Mokhtar, en Libye (1922-1931), et d'Abdelkrim Al Khattabi, au Maroc (1915-1925). Ce qui retient l'attention, c'est que, pour l'islam politique de la renaissance, les États-Unis n'étaient pas l'ennemi à combattre; c'était une lutte nationale, dirigée contre les pays colonisateurs: la Grande-Bretagne, la France, l'Italie et l'Espagne. Même si son référentiel était islamique, cette lutte n'avait pas la visée internationaliste du *jihad*.

Qu'en est-il du salafisme jihadiste actuel? Certes, d'une part ce mouvement puise ses fondements dans le wahhabisme, au moins concernant le rapport spirituel qu'entretiennent ses adeptes avec l'image du *assalaf assaleh*, mais il le dépasse en prônant le petit *jihad* contre l'Occident. D'autre part, il transcende aussi le salafisme moderniste de la *Nahda*, puisqu'il ne se limite pas à l'arène nationale mais exporte sa lutte au niveau international, tout en voulant s'imposer comme antagoniste et comme une solution de rechange face au mondialisme américain, voire à l'universalisme.

Les mouvements jihadistes: de la quête du pouvoir au niveau interne à la confrontation internationale

A priori, eu égard à leur référentiel religieux commun, les mouvements islamistes jihadistes sont similaires. Le facteur essentiel qui les différencie est leur base idéologique. Ces mouvements se distinguent par la relation qu'ils établissent entre leur projet intellectuel, politico-social et guerrier et les principes et bases de la religion musulmane. Chaque mouvement croit en la véracité de son projet et voit la concordance de ce dernier avec les préceptes de l'islam. Tous ces mouvements jihadistes ont cependant un point essentiel commun: ils sont d'accord pour considérer la situation actuelle du monde musulman comme analogue à celle de la petite communauté musulmane durant les premières années de La Mecque au temps des persécutions (611-622). La solution c'est l'immigration (ou la retraite) et la lutte armée, suivant l'exemple de Mahomet qui avait gagné Médine pour fuir les persécutions de La Mecque et fonder l'État musulman. Second point fondamental commun: l'anathème *(takfir)*, qui constitue le pilier de leur «guerre sainte» contre les non-musulmans, mais aussi et surtout contre les gouvernements des pays musulmans qu'ils considèrent comme apostats, païens et responsables de la situation actuelle de l'espace musulman. Par conséquent, selon les intellectuels de ces mouvements, la violence religieuse par le *jihad* est la seule solution pour «ré-islamiser» cet espace. Dans les termes de Sayyed Qutb (1906-1966), à qui se réfèrent la plupart de ces mouvements jihadistes, la solution reste la destitution de ces gouvernements qui n'appliquent pas la *Chari'a* et qui pactisent avec l'Occident «impie».

On peut diviser les mouvements jihadistes en trois grands courants: ceux dont le champ d'intervention reste local, ceux qui sont séparatistes et ceux qui sont internationaux.

— *Les mouvements jihadistes locaux.* Pour eux, la première étape est celle de la guerre sainte menée à l'intérieur de leurs pays respectifs. L'ennemi, ce sont les gouvernements et le pouvoir en place dans les pays musulmans. Cette approche du *jihad* est différente de l'approche traditionnelle, puisque, en principe, le *jihad* doit être mené pour défendre les musulmans et leurs vies et non pas contre eux. Il fallait donc pouvoir légitimer ces actes de guerre par un appui idéologique. C'est ainsi que les leaders de la littérature de cette mouvance (surtout en Égypte, durant les années 1970-1980) ont bâti le concept de la «terre mixte» — *ad dar al mokhtalita* —, la terre où islam et apostasie cohabitent anormalement. Ce concept se présente comme une nouvelle option pour ceux de *dar al harb* et *dar al islam*. Selon cette mouvance, les pays musulmans actuels font partie de cette nouvelle catégorie de la «terre mixte», d'où la légitimité du petit *jihad* dans ces territoires. À titre d'exemple, on peut citer les groupes islamiques suivants: *Al Jamaa Al islamia*, en Égypte; *Al Jamaa Al islamia Al mousallaha* (GIA), en Algérie; *Al Jamaa Al islamia Al mouqatila*, en Libye.

— *Les mouvements séparatistes.* En général, ils se situent au sein des minorités musulmanes dans les pays non musulmans. Les exemples les plus frappants sont le Hizbul Moudjahidin, au Cachemire et la guérilla islamiste, en Tchétchénie. Ici le concept du *jihad* contre l'ennemi non musulman interfère avec les notions d'indépendance et du droit des peuples à disposer d'eux-mêmes. Les bases idéologiques de ces mouvements restent les mêmes que celles de tous les mouvements jihadistes. Elles consistent à considérer que leurs sociétés sont loin des enseignements de l'islam. La solution reste donc la séparation de la mère patrie, la réislamisation de la société et l'instauration de l'État islamiste.

— *Les mouvements jihadistes internationaux.* Ils appliquent la notion du *jihad* contre ceux qui, selon eux, constituent une menace et un danger pour la *Umma* musulmane. Ils se distinguent donc des mouvements jihadistes locaux, même s'ils considèrent eux aussi que les gouvernements des pays musulmans sont également des impies et des ennemis à combattre. Toutefois, leur priorité à court et moyen termes est le combat contre leur «ennemi» extérieur non musulman. Cette forme de mouvement a pris naissance ces dernières années, en Bosnie et en Tchétchénie, où la guérilla s'est internationalisée grâce au recrutement de combattants arabes et d'autres pays musulmans. Mais elle s'est développée aussi et surtout en Afghanistan lors de l'invasion soviétique (1979-1989). Ces mouvements engagent des islamistes à tendance jihadiste de partout dans le monde musulman, et non musulman aussi. Ils restent toujours en lien les uns avec les autres, même quand ils ne sont pas réunis dans le même espace géographique.

Parmi les mouvements jihadistes internationaux, celui du dissident saoudien Ben Laden, de son réseau Al Qaïda et de tout autre mouvement relevant de son idéologie est le plus représentatif et mérite qu'on s'y arrête.

Pour Ben Laden, la notion du *jihad* défensif est fondamentale et elle est devenue une partie intégrante de sa formation idéologique dès le début de son parcours combattant. Ben Laden est arrivé en Afghanistan, pour sa première expérience jihadiste, à l'âge de vingt-deux ans, en 1979. Auparavant, il n'avait aucune expérience des mouvements islamistes ni du *jihad*. La guerre en Afghanistan contre les Soviétiques a eu un impact majeur sur la vie du dissident saoudien, qui s'est trouvé à côté de milliers de jihadistes venus de tous les pays arabo-musulmans pour défendre la terre d'islam (*dar al islam*) de l'agression extérieure. C'est ainsi que le concept de base du *jihad*, large et élastique, va se réduire, chez Ben Laden, au *jihad* défensif contre toute agression étrangère. Plus encore, il deviendra pour lui un pilier de la religion musulmane, et tout renoncement à cette forme de guerre qui toujours anoblit celui qui la mène, doit être sévèrement réprimé.

Deux ans après son retour au pays natal, la guerre en Irak éclatait en 1991. Elle allait permettre un déploiement des forces américaines en Arabie saoudite, la «Terre sainte que les infidèles ne doivent pas salir», selon ses propres termes. Du coup, Ben Laden va brandir l'étendard du *jihad* face aux États-Unis, ses alliés lors de la guerre contre les Soviétiques. Puis, pendant la guerre du Golfe de 1991, en Ben Laden allait s'épanouir le personnage du Moudjahid islamiste international. Son seul rôle est de combattre, dans l'intérêt de l'islam et des musulmans, ceux qu'il considère comme «les ennemis de l'islam». L'influence du chef du réseau Al Qaïda va prendre de l'ampleur à partir du 11 septembre 2001, même si ses positions contre les États-Unis se sont formées à partir du milieu des années 1990. Et depuis le 11 septembre 2001, ses discours, diffusés par les chaînes arabes Al Jazeera et Al Arabia, se sont multipliés.

L'objectif principal de Ben Laden est d'inciter les populations musulmanes à combattre les États-Unis dans le monde entier dans une guerre asymétrique ouverte, lui-même étant certain que son organisation ne peut vaincre la première puissance mondiale. C'est pourquoi il mise sur la mobilisation des masses populaires, surtout la jeunesse frustrée vers qui notamment sont dirigés ses discours. Aussi n'est-il pas étonnant que les kamikazes relevant d'Al Qaïda soient tous jeunes.

Il est utile de remarquer aussi que la question palestinienne n'était pas dans les priorités de Ben Laden lors de ses premiers discours, car, à ce temps-là, il se préoccupait simplement de faire sortir les troupes américaines de la péninsule arabique. Ce n'est que dernièrement qu'il l'a mise en évidence. Pour le chef du réseau Al Qaïda, ce changement de stratégie était nécessaire pour continuer la mobilisation des masses musulmanes. Il sait en effet la place primordiale que cette question occupe dans les préoccupations des populations musulmanes et dans leur inconscient collectif.

Il faut préciser aussi que dans ses discours, contrairement à plusieurs islamistes, Ben Laden désigne explicitement ses adversaires: les États-Unis, Israël et leurs alliés, les croisés et les juifs. Il ne parle pas de combattre tout l'Occident en bloc. D'ailleurs, dans l'une de ses dernières cassettes envoyées à Al Jazeera, il a dit expressément, en parlant aux peuples américains et européens: «[N]otre combat est contre les États-Unis et leurs alliés, dans leur guerre contre les musulmans, et pas contre l'Occident chrétien, sinon pourquoi n'aurions-nous jamais attaqué la Suède, par exemple?» En fait, la stratégie de Ben Laden est claire: combattre les États-Unis et leurs alliés, et pousser les masses populaires à prendre conscience de cette situation et à se positionner par rapport à elle.

Le *jihad* dans les interprétations actuelles

La confusion autour du concept du *jihad* est au centre des préoccupations des érudits et des penseurs contemporains du monde musulman. En dépit de l'émergence de cette notion chez les groupes jihadistes, la plupart des *Ûlémas* de l'islam semblent avoir implicitement admis que le *jihad* conçu comme une guerre perpétuelle est désuet, étant donné qu'il est actuellement contraire à l'intérêt général des musulmans. C'est ainsi qu'ils considèrent comme nécessaire de suspendre l'obligation du *jihad* dans les temps modernes, alors que la puissance de l'islam a été mise en échec par l'Occident. Il est à noter toutefois que ces *Ûlémas* maintiennent la nécessité du *jihad* défensif pour protéger les terres de l'islam. Et s'ils s'accordent sur la nécessité du *jihad* en Palestine, pour les autres régions du monde arabo-musulman, y compris l'Irak, la question reste sujette à débats.

Il sera donc utile de présenter les points de vue des penseurs islamistes sur la notion du *jihad* en adoptant, par commodité, un certain classement. Les positions des intellectuels de la sphère musulmane sur cette question peuvent être situées entre deux pôles: d'un côté, le soutien, même nuancé, au *jihad*, et de l'autre, le refus de l'accepter parce qu'il est considéré comme inadapté pour les temps modernes. Entre ces deux pôles se situent les penseurs qui estiment que le *jihad* est nécessaire en Palestine, mais qu'il est vain dans d'autres régions, surtout dans celles où il vise les autorités musulmanes.

La notion du jihad *chez les penseurs islamistes*

— *Le Cheikh Tantaoui* insiste sur la différence entre le terrorisme et le *jihad*. Le 11 septembre entre dans la première catégorie. Pour le Cheikh de la mosquée Al-Azhar, le *jihad* est un pilier de l'islam, mais il doit être autorisé par *wali al amr*, le responsable de la chose publique en terre d'islam. Cette notion a beaucoup changé à travers le temps et aujourd'hui, *wali al amr* peut être identifié au haut responsable politique: émir, sultan roi ou président, etc. Tantaoui conteste la validité du *jihad* des groupes islamistes dont la décision ne provient pas de *wali al amr* et qui, ainsi, transgressent une loi fondamentale de la *Chari'a* qui est l'obéissance à *wali al amr*. Précisons toutefois que Sayyed Tantaoui soutient les kamikazes qui mènent le *jihad* en Palestine, à la condition que leurs attentats soient dirigés contre les militaires et non contre des civils. Il les considère comme des martyrs.

— *Le Cheikh Qaradaoui*, quant à lui, distingue la violence et le *jihad* légal. Ce dernier est caractérisé par ses buts et ses moyens, sa soumission aux fondements de la *Chari'a* et aussi et surtout par sa conformité aux principes de l'éthique musulmane exprimés dans le Coran et les pratiques du Prophète. Par ailleurs, le seul *jihad* que Qaradaoui approuve est celui pour la Palestine. D'où sa position favorable aux attentats suicides dans les territoires occupés et en Israël, même s'ils entraînent la mort de civils. Al Qaradaoui s'est fait beaucoup critiquer à ce sujet, mais il justifie sa position en disant que la société israélienne est une société militaire où tout le monde est sous les drapeaux. Aussi est-il légitime d'attaquer tout Israélien, puisqu'il est un occupant. Qaradaoui ajoute que, d'une part, quoique les meneurs d'attentats suicides (*al istichhadyn*) ne visent point les femmes, les vieillards et les enfants, comme dans toute guerre il y a des dommages collatéraux, et que, d'autre part, l'armée israélienne opère de la même façon en tuant des enfants dans les territoires occupés.

L'innovation de Qaradaoui, par rapport à Tantaoui et à d'autres *Ûlémas* traditionalistes, c'est son point de vue concernant l'obéissance à *wali al amr*, le détenteur du pouvoir. Qaradaoui stipule que si les gouvernants en terre d'islam ont laissé tomber cette obligation sacro-sainte du *jihad*, l'élite intellectuelle musulmane, c'est-à-dire les *Ûlémas*, les prêcheurs, les penseurs, etc. doit faire pression sur l'élite politique pour que celle-ci ordonne le *jihad*. Cependant, cette exhortation à faire pression sur les gouvernants n'empêche pas Qaradaoui de soutenir la position traditionaliste selon laquelle le *jihad* doit être avalisé par *wali al amr*, le détenteur du pouvoir.

Autre question traitée par Qaradaoui est la participation des femmes palestiniennes aux opérations suicides. Il la tolère et va jusqu'à l'appuyer, même si l'islam a dispensé la femme du *jihad*. «Lorsque le *jihad* devient obligatoire pour tout le monde, en cas d'invasion des terres, la femme est tenue de le faire à côté de l'homme[2].»

— *Abdel Hamid Al Ansary* considère que le concept du *jihad* a changé depuis son apparition. D'après lui, tel qu'il est défini dans le Coran et les pratiques du Prophète, le *jihad* est un moyen de protection du droit à la différence religieuse et de la pluralité des convictions. Bref, il vise la protection de la liberté de culte.

Les premières interprétations erronées du concept du *jihad* sont celles des anciens kharidjites[3], lors de la grande discorde, après la querelle de succession ouverte en 656 entre Ali et Mu'âwîya. À l'époque contemporaine, la défiguration de la notion du *jihad* par ce que Al Ansary appelle les néo-kharidjites (dont Ben Laden, Zawahiri et Zarqaoui) vient essentiellement des idées (extrapolées) de Abou Al A'la Al Maoudoudi (1903-1979) et Sayyed Qutb (1906-1966). Pour ces deux penseurs et idéologues islamistes, la pensée jihadiste part de l'idée que les musulmans sont responsables et «tuteurs» de l'espèce humaine, et qu'ils ont pour mission de la libérer de l'oppression des nouvelles «idoles» (*tawaghit*). L'unique et juste voie pour ce faire est le *jihad* et l'instauration d'un gouvernement islamique qui doit régner sur le monde entier. Al Ansary recense les manifestations de cette défiguration du *jihad* chez les mouvements islamistes dans quatre faits historiques:

1. La guerre de libération du Koweït, en 1991. Pour Al Ansary, la plupart des mouvements islamistes ont considéré l'invasion du

---

[2] La *fatwa* est disponible sur le site officiel d'Al Qaradaoui: http:/www.qaradawi.net/site/topics/article.asp?cu_no=2&item_no=2082&version=1&template_id=130&parent_id=17.

[3] Voir note 36, p. 41. Glossaire, p. 169.

Koweït par les troupes irakiennes comme un *jihad* pour la réunification de la *Umma* et la libération d'Al Qods à moyen et long termes. Et même ceux qui étaient contre cette invasion par l'Irak ont vu dans l'introduction des armées de la coalition internationale en terre d'islam une violation des préceptes de la religion. Ils ont réclamé une solution dans un cadre arabo-musulman, quasiment impossible dans les circonstances actuelles.

2. La guerre américaine contre les Talibans en Afghanistan, en 2002. Pendant cette guerre, des *fatwas* incitant les jeunes au *jihad* au côté des Talibans sont apparues, même si ces derniers, selon Al Ansary, ont causé beaucoup de tort à l'islam à cause de leurs tendances meurtrières et du terrorisme qu'ils ont exercé contre les musulmans eux-mêmes. Al Ansary se demande comment le *jihad* peut-il être justifié de se joindre à de tels gens dans un cadre jihadiste.

3. La guerre contre le régime de Saddam. Plusieurs jeunes ont été «dupés» et sont partis en Irak faire la guerre contre les États-Unis sous la bannière du *jihad*. Et Al Ansary de se demander comment le *jihad* peut être mené pour et avec un régime criminel...

4. Les attentats meurtriers en Arabie saoudite. Al Ansary affirme que de grandes personnalités islamistes et des professeurs de théologie musulmane, dans les universités saoudiennes, ont poussé des jeunes à perpétrer de tels actes en les présentant comme un *jihad*. Ces «moyens barbares», selon les termes d'Al Ansary, sont contraires à la finalité du concept du *jihad* qui est la protection des vies humaines.

Ce qui retient l'attention dans les écrits de Abdel Hamid Al Ansary, c'est qu'il impute de tels agissements, qualifiés par lui de terroristes, à la pensée rancunière, hostile à toute différence et malveillante qu'on trouve dans certains écrits. Pour lui, en effet, ces agissements ne peuvent provenir:

— de l'ignorance: des professeurs d'université qui prônent et appuient de tels actes ne peuvent être ignares;
— de l'opposition au despotisme et au manque de liberté dans les sociétés arabo-musulmanes: les gens qui adhèrent à une telle

pensée destructrice ne se préoccupent guère, voire point de la liberté des autres;

— de la situation économique: si cela pouvait être le cas au Maroc lors des attentats du 16 mai 2003, telle n'est pas la situation en Arabie saoudite où le problème de la pauvreté ne se pose pas de la même façon qu'ailleurs dans l'espace musulman;

— de l'alignement des États-Unis aux côtés d'Israël: la question palestinienne ne figurait même pas dans les priorités de ces organisations islamistes jusqu'à dernièrement, alors que leurs discours ont commencé à la mettre en exergue.

C'est pourquoi Al Ansary impute l'émergence de cette pensée malveillante aux systèmes éducatif, culturel et journalistique qui, selon lui, incitent à la haine de l'autre[4].

— *Mohamed Aamara.* Pour ce penseur égyptien, le *jihad* est obligatoire pour tout musulman, depuis la naissance de l'État d'Israël en Palestine, en 1948. Selon lui, tout débat sur la nécessité du *jihad* ne peut qu'affaiblir la *Umma* à cause des divergences qui peuvent survenir entre les *Ûlémas.* D'un autre côté, après l'intervention américaine en Irak, il a appelé les musulmans à soutenir les Irakiens sous la bannière du *jihad* en islam. Toutefois, on peut remarquer qu'Aamara n'explique guère comment doit être mené ce *jihad* ni ne précise si l'obéissance à *wali al amr* reste obligatoire ou si elle peut être outrepassée.

— *Jaoudat Saïd.* Ce penseur islamiste appelle à la non-utilisation du *jihad* comme dogme religieux contre le monde occidental. Il ajoute que les problèmes entre le monde musulman et l'Occident ne peuvent être résolus par la violence. Selon lui, la confrontation avec l'Occident doit se situer dans une perspective culturelle. Les musulmans doivent faire valoir leur culture et la défendre contre la culture occidentale grâce aux mécanismes

---

[4] Abdel Hamid AL ANSARY, «Jihad ou terrorisme?... Comment les néo-kharidjites ont défiguré la notion du *jihad* en islam», *Al asharq al Awsat*, n° 9270, 15 avril 2004.

idéels qu'elle permet et non par les armes. Pour illustrer la vacuité du *jihad* dans sa forme actuelle, Jaoudat Saïd prend pour exemple l'Irak. Il incite les musulmans à ne pas considérer de telles guerres sous l'angle du *jihad* ni de la religion. En fait, ce penseur repositionne la notion du *jihad* et la confrontation avec le monde occidental dans la pensée de la *Nahda* arabe. Le penseur islamiste retient que le *jihad* actuel est comparable à celui issu des interprétations erronées des premiers kharidjites et donc vain, voire catastrophique pour la *Umma*. Il ne peut constituer la réponse aux maux contemporains des musulmans. Pour Saïd, la solution se trouve dans la maîtrise des sciences et des techniques pour assurer le progrès et le bien-être social. C'est par cette voie et seulement grâce à elle que le monde musulman peut rivaliser avec l'Occident.

— *Al Abyakan.* Le point de vue de ce cheik saoudien a suscité beaucoup de réactions en Arabie saoudite et ailleurs dans le monde arabo-musulman. En l'absence des conditions légales du *jihad* en Irak contre les Américains, il en stipule l'interdiction. Al Abyakan estime que le monde musulman n'est pas prêt pour se défendre sous la bannière du *jihad* qui, par conséquent, est inutile. Il donne l'exemple des villes d'Al Najaf et Al Fallouja en Irak, qui ont été détruites[5]. Par ailleurs, le juge saoudien estime qu'en raison de leur faiblesse, les Irakiens doivent commencer par accepter leurs dirigeants, même si ces derniers vont à l'encontre de la *Chari'a* et des préceptes de l'islam. Il ajoute toutefois, en se référant à Ibn Taymiya, que le *jihad* reste toujours possible si les conditions pour le mener sont réunies, dont la capacité et la force qui sont importantes sinon essentielles.

— *Mohammad Hussein Fadlallah.* La position de cet ayatollah et dignitaire chiite est favorable au *jihad* en Palestine, en Irak et partout dans le monde musulman contre toute agression étrangère. Fadlallah approuve les attentats suicides qu'il estime être

---

[5] Voir, par exemple, l'entretien accordé par Al Abyakan à la chaine satellitaire arabe Al Arabia, le 10 décembe 2004 (*barnamaj idaat*).

le plus haut niveau du *jihad*, et considère leurs auteurs comme des martyrs qui vont hériter du paradis. Toutefois, le grand dignitaire libanais condamne sévèrement les attentats contre les musulmans et tout autre civil en terre d'islam, en Arabie saoudite, au Maroc, etc. D'où sa position contre les attentats perpétrés par Zarqaoui en Irak contre tout civil, musulman ou non. Fadlallah estime que la position de Zarqaoui contre les autres musulmans qui ne partagent point ses convictions religieuses vient de son ignorance des préceptes de l'islam et surtout de sa mentalité réactionnaire et raciste.

La notion du jihad *chez les penseurs «laïques» arabes*

— *Mohamed Abed Al Jabri.* Dans ses analyses, le penseur arabe Jabri estime que la violence prônée par les mouvements islamistes n'est qu'une réaction contre une autre violence qui vient soit de l'Autre, l'Occident, soit de l'État lui même, l'exemple le plus frappant étant celui de l'Égypte de Sadate et de Moubarak, pendant les années 1980 et 1990. Il ajoute que la violence exercée par des mouvements islamistes radicaux puise ses racines dans des interprétations erronées des versets coraniques, sans égard à leur contexte historique. Par ailleurs, le penseur arabe rend les *Ûlémas* contemporains de l'islam responsables de ne pas mettre en évidence les dangers des interprétations personnelles des versets du Coran sur cette notion du *jihad*. Il dénonce leurs positions nuancées sur la question et leur silence «complice». Ce silence et ces mauvaises interprétations du texte coranique ont érigé dans les esprits, surtout occidentaux, une image négative de l'islam.

— *Chaker Al Naboulsi.* Il estime que les attentats suicides sont vains pour la *Umma* et ont fait beaucoup de tort à l'islam. Pour ce néolibéral, le *jihad* tel qu'il est exercé par les mouvements islamistes contemporains est un terrorisme. Il est à signaler que Al Naboulsi ne fait pas de différence entre les mouvements islamistes en Palestine, en Irak, en Afghanistan ou en Tchétchénie. Pour lui, ces mouvements doivent accepter l'Occident et sa civilisation. Dans ses écrits, il considère les États-Unis comme des libérateurs qu'il ne faut point combattre en Irak, sous aucune bannière, ni celle du *jihad* ni celle de la résistance.

— *Sayyed Al Qomni.* L'intellectuel égyptien met l'accent sur la légitimité de la résistance pour la protection du pays, donc point pour Dieu ni pour le Paradis, ce que le monde contemporain accepte et appuie. Cette résistance est un devoir pour tous les nationaux sans égard à leurs convictions religieuses. Par contre, le *jihad* tel qu'il est prêché par les mouvements islamistes radicaux est un concept raciste et inacceptable dans le paradigme moderniste. Ce *jihad* qui ne tolère pas la participation d'autres nationaux approfondit de la sorte les divisions internes dans les pays arabo-musulmans. Pour Al Qomni, le concept du *jihad* était valable dans le contexte historique des débuts de l'islam, alors que les musulmans avaient compris et assimilé le système international de l'époque. Aujourd'hui, l'apprentissage du système international actuel passe par la mise en exergue des intérêts, et par conséquent par la création d'alliances entre acteurs du système, loin de toute idéologie raciste et identitaire. Par ailleurs, Sayyed Al Qomni avance même que les Arabes doivent demander pardon aux autres nations, pour tous les malheurs causés par les moudjahiddines à travers toute l'histoire de l'islam[6].

Le concept du jihad *chez Ben Laden et Zarqaoui*

Le *jihad*, chez Ben Laden, va prendre des dimensions internationales, à partir de 1998, avec son mémorandum historique *Faites sortir les mécréants de la péninsule arabique* et la constitution du «Front international islamique pour le combat contre les juifs et les croisés». Oussama Ben Laden insiste, depuis lors, sur le fait que le *jihad* exercé par les musulmans aujourd'hui et

---

[6] Voir entre autres l'entretien accordé par Sayyed Al Qomni à la revue *Middle-East Transparent* disponible sur le lien suivant: http://www.metransparent.com/texts/sayyed_qimni.htm.

depuis deux siècles contre le colonialisme est un *jihad* défensif. Parce que, selon lui, les croisades n'ont pas cessé depuis la première attaque croisée sur Jérusalem, il est de la responsabilité de chaque musulman de mener le *jihad* contre Israël et les États-Unis, qui incarnent l'image des croisés des temps modernes. Signalons que pour Ben Laden, les événements du 11 septembre entrent dans cette catégorie du *jihad* défensif et non pas offensif. Ce dernier n'existe plus dans le monde musulman depuis des siècles, soit depuis la période précédant la chute de l'empire ottoman, il y a environ deux siècles.

Le chef du réseau Al Qaïda soutient que sa vision politique s'est forgée essentiellement avec l'invasion israélienne du Liban, en 1982, sous la protection de la sixième flotte américaine. Se considérant lui-même comme faisant partie d'une seule nation musulmane et ne se préoccupant guère des frontières telles qu'elles ont été instaurées par les accords Sykes-Picot de 1916, il estime que son devoir est de participer au *jihad* pour défendre chaque partie des terres de l'islam. Toutefois, étant engagé à ce moment-là en Afghanistan dans sa guerre contre les «communistes», il ne pouvait ouvrir un autre front ailleurs, d'autant plus qu'il ne disposait pas d'une organisation militaire structurée. En fait, dans ses différents discours, Ben Laden essaie d'expliquer son «retard» à s'engager en faveur des questions arabes, surtout celle de la Palestine, invoquant qu'elles faisaient toujours partie de ses préoccupations centrales mais que son implication en Afghanistan a retardé son *jihad* contre les responsables des maux du monde musulman, les juifs et les croisés, selon ses termes. Cette question du *jihad* en Palestine et au Liban revient beaucoup dans ses discours. Il explique qu'à la fin de la guerre afghane, il a envoyé au Liban plusieurs groupes jihadistes, dont les opérations ont échoué en raison, selon lui, de la pluralité des groupes palestiniens et libanais et surtout de la multiplicité de leurs références idéologiques: marxistes, panarabistes, socialistes, islamistes, etc. De plus, ces groupes étaient étroitement liés aux gouvernements arabes, qu'Oussama Ben Laden méprise. Le mouvement islamiste lui-même était divisé idéologiquement, alors que, estime le chef d'Al Qaïda, le *jihad* doit être mené sous un seul commandement et selon les principes de la religion.

Par ailleurs, en 1998, à la question qui lui était posée par la chaîne satellitaire arabe Al Jazeera sur son interprétation du concept du *jihad* peu commune et qui ne fait point l'unanimité chez les *Ûlémas* de l'islam sunnite, Ben Laden répondait que ces derniers n'avaient pas le droit de traiter de cette question tant qu'ils n'avaient pas participé eux-mêmes au *jihad*. Se référant à Ibn Taymiya, il affirme que la question du *jihad* en islam ne peut être débattue par des *Ûlémas* assis dans leurs mosquées, entourés de leurs étudiants, mais seulement par des *Ûlémas* qui participent au *jihad*. Ce sont ceux-là et ceux-là seulement qui peuvent avancer leurs points de vue sur le *jihad*.

Quant à Zarqaoui, il a acquis une réputation importante seulement après que, dans une déclaration datée du 17 octobre 2004, son groupe *Attawhid wal jihad* opérant en Irak, eut fait allégeance à Oussama Ben Laden. On y déclare que le groupe se rallie sous la bannière de l'Organisation d'Al Qaïda «afin de hisser (l'étendard de) *LA ILAAHA ILLA LLAAH*, flottant très haut, comme l'ont hissé nos ancêtres, les héros, et pour purifier les pays de l'islam de tout athée et de tout renégat criminel jusqu'à ce que l'islam s'introduise dans chaque maison et partout[7]». Encore faut-il ajouter que dans son dernier message audio envoyé à Al Jazeera, Zarqaoui commence son discours par: «À l'émir Oussama Ben Laden...», ce qui prouve encore une fois son attachement à la doctrine prônée par le chef d'Al Qaïda. Donc la référence idéologique de Zarqaoui n'est point différente de celle de Ben Laden et Zawahiri, concernant la notion du *jihad*. On peut donc dire que Zarqaoui se positionne dans le même camp que son «émir» Ben Laden.

Une notion que le chef d'Al Qaïda en Irak, Zarqaoui, exploite et explique beaucoup est celle des «dommages collatéraux» chère à l'administration américaine qui l'utilise pour expliquer la mort

---

[7] Texte du ralliement de *Tawhid wal Jihad* à l'organisation d'Al Qaïda disponible sur: http://www.ansaar.info/forum/viewtopic.php?t=535.

de civils dans une guerre. Zarqaoui s'en sert à son tour pour expliquer le massacre de milliers d'Irakiens, plus de 7 000 morts et 20 000 blessés parmi les civils irakiens, dans ses opérations contre les troupes américaines. On trouve dans des anciens ouvrages arabes de stratégie militaire un concept équivalent à celui de «dommages collatéraux»: c'est celui de *atatarrouss*. Par conséquent, estime Zarqaoui, ses opérations militaires en Irak sont valables légalement et du point de vue de la *Chari'a*. Pour le bien de la communauté musulmane et la protection de la religion, qui passe avant la protection de l'être humain, certains *Ûlémas* ont autorisé d'attaquer l'ennemi s'il utilise des civils musulmans comme boucliers humains. Une fois morts, ces derniers sont considérés comme des martyrs, tués pour la noble cause.

Force est de constater que la notion de *atatarrouss* chez Zarqaoui est totalement différente de celle que des *Ûlémas* autorisaient à certaines conditions et qu'on trouve dans l'histoire des guerres musulmanes. En effet, les moyens de guerre d'alors étaient limités et les catapultes ne causaient guère de dégâts comparativement à l'ampleur des dommages causés par les attentats suicides du groupe de Zarqaoui en Irak. Il y a des opérations où seuls les civils irakiens sont touchés et point d'Américains.

Cette notion des dommages collatéraux (*atatarrouss*) est aussi utilisée par Ben Laden qui, d'une façon ou d'une autre, est d'accord avec le groupe de Zarqaoui, puisqu'il a accepté son allégeance et considère ce dernier comme le leader de la deuxième génération d'Al Qaïda. Encore faut-il ajouter que la même notion a été prônée par les Groupes islamiques armés en Algérie, durant les années 1990, et qu'elle a été largement extrapolée dans les écrits du leader et dans la référence des groupes islamistes contemporains Abou Qatada, le Britannique d'origine palestinienne. Rappelons aussi que plusieurs interprétations qui vont dans ce sens, s'inspirent et se réclament de l'islam rigoriste d'Ibn Taymiya[8].

---

[8] Pour la question de *atatarrouss*, voir Ibn TAYMIYA, *Majmu' al-Fatawa*, tome 28, livre du *Jihad*, p. 537-546.

Conclusion

Nul doute qu'en l'absence d'une seule référence théologique en islam, et devant la multiplicité des interprétations qui, parfois, s'éloignent du juste milieu (*al wassat, la ifrata wa la tafrit*) recherché par toute religion monothéiste, la communauté des penseurs et théologiens musulmans est dans l'embarras. En effet, l'apprentissage de la réalité politique au moyen d'une herméneutique religieuse qui transcende l'histoire et ne tient point compte du poids des changements qu'elle impose, a suscité une «cacophonie» dans les cercles des *Ûlémas* de l'islam. Le consensus recherché dans de délicates questions, telles que le *jihad*, n'est point à l'ordre du jour, comme on vient de le démontrer.

En fait, la violence prônée par certains mouvements jihadistes a dépassé le cadre du *jihad* défensif et elle s'est exercée essentiellement contre les civils étrangers dans les pays musulmans, soit parce qu'ils sont étrangers, soit pour nuire à l'économie du pays dont les dirigeants sont considérés comme apostats. Cette violence puise ses fondements dans des lectures théologiques rigoristes du texte sacré dont les interprétations s'appuient sur plusieurs facteurs:

— l'excommunication (*takfir wa ikhraj mina al milla*) des dirigeants musulmans qui ne gouvernent plus selon les principes de la *Chari'a* et se rallient à l'Occident «mécréant»;
— l'excommunication des minorités non musulmanes;
— la prise pour cible des civils étrangers, puisque leurs pays sont en guerre contre l'islam.

Devant ce «chaos» au sein de la pensée islamiste contemporaine, Al-Azhar, l'institution principale de l'islam sunnite, commence à être dépassée par les événements. De toute façon, comme l'affirme un de ses *Ûlémas*, le monde musulman a toujours connu de tels mouvements de déviance depuis la grande discorde avec les kharidjites. L'islam traditionnel que toutes les institutions religieuses du monde sunnite, Al-Azhar, Al Qaraouinne, Azzaytouna, les références traditionnelles saoudiennes, etc., enseignent est en train de régresser et de céder la place à un autre islam puisant ses fondements dans l'intolérance et dans des interprétations réaction-naires et point réfléchies.

En fait, plusieurs facteurs ont rendu la situation beaucoup plus complexe, comme le signale le penseur libanais Radouan Sayyed:

— la crise d'identité après la chute de pays musulmans sous l'occupation étrangère;
— la crise politique interne de tous les pays musulmans;
— l'engourdissement de la pensée religieuse officielle et institutionnelle et le prêche des chaînes satellitaires; ce dernier attire plusieurs téléspectateurs et la qualité des intervenants laisse à désirer;
— la mise en exergue, dans les discours religieux, de l'idée que l'islam est dans la ligne de mire des puissances occidentales.

Après ces remarques, une autre question s'impose: pourquoi les mouvements islamistes n'ont-ils pas continué d'emprunter le chemin du dialogue pacifiste et ont-t-ils choisi celui de la violence? Cette question en entraîne une autre plus profonde: qu'est-ce qui pousse une association religieuse prônant l'islam comme foi, loi et éthique à verser dans la violence et l'intolérance?

Pour essayer de conclure brièvement, on peut dire que la réponse serait à chercher dans le paradoxe que pose la pratique de la politique au moyen de dogmes religieux. Ce paradoxe est fondamental, puisque le champ du politique est le partiel et le relatif, alors que celui de la religion est l'absolu où l'erreur n'a pas cours. C'est pourquoi, par exemple, les *Ûlémas* ne donnent pas aux problèmes posés des solutions palpables et partielles, mais proposent des aboutissements absolus où il est question de l'au-delà et du paradis ou de l'enfer, même dans un contexte purement politique et strictement relatif.

7

LECTURES MUSULMANES
DU STATUT DE LA FEMME:

la modernité en référence et en question dans l'espace islamique

La condition des femmes est un des indicateurs les plus éloquents de l'état du progrès et de la vitalité des cultures de l'espace musulman. Cette condition de la femme musulmane, soit sur les plans de la liberté individuelle, de l'autonomie juridique et du pouvoir décisionnel, soit au niveau du respect de la dignité humaine ou de l'indépendance économique, pourrait être le révélateur par excellence de la nature de l'ordre social, politique et culturel d'un pays.

Les critères pour évaluer la situation de la femme musulmane s'inscrivent dans deux cadres référentiels distincts qui ne sont ni totalement opposés ni amalgamés indifféremment. Le premier est le référent islamique qui est sujet à plusieurs interprétations et approches et ne se réduit à aucune d'elles. Ce référent islamique s'avère à la fois transethnique et transculturel, et sa malléabilité est impressionnante. L'application du second, celui de la modernité foncièrement européenne et largement occidentale, progresse à des vitesses diverses et a de fortes prétentions à l'universalité. Ce référent de la modernité ne se réduit pas, lui non plus, à une de ses applications occidentales, mais il se propose aux cultures non occidentales comme un idéal de progrès et d'avancement.

On peut certes interpréter et évaluer le statut des femmes musulmanes selon les deux cadres référentiels, islamique et moderniste, ou selon l'un ou l'autre seulement. Dans tous les cas, l'accès des femmes aux postes ou aux droits réservés traditionnellement aux hommes dans l'espace musulman, juge, *imamat* de la prière, droit au divorce ou droit au vote, service militaire, n'atteste guère du niveau d'avancement économique et culturel d'une nation. Cependant, le fait de dénier cet accès aux femmes atteste du caractère rétrograde, voire obscurantiste du système en place. Et cela indépendamment des interprétations qui évaluent ce statut en fonction de l'idéal islamique ou de celui de la modernité.

Or, dans l'espace musulman, la condition de la femme emboîte le pas à celle de son homologue occidentale. Dans les milieux traditionnels de certains pays musulmans, le rôle de la femme se limite à la procréation et à la garde des enfants. Dans d'autres, toute participation à la vie sociale, économique, ou politique lui est expressément interdite, ou ne lui est permise qu'en parallèle, dans des circuits séparés, en Iran ou en Arabie saoudite, par exemple. Bref, le statut de la femme musulmane est cautionné ou justifié par une des interprétations possibles de l'idéal coranique et de la tradition prophétique. D'où l'interrogation persistante dans la raison islamique: cette infériorité de la femme, poussée au paroxysme dans le système patriarcal arabo-musulman, vient-elle des préceptes de l'islam? Ou vient-elle plutôt des interprétations du texte sacré par les *Ûlémas* fondamentalistes et traditionalistes qui soutiennent avec ferveur l'idéologie dominante?

Ces différentes questions concernant la femme en islam constituent la pierre angulaire de la controverse, doctrinale, certes, mais fréquemment politisée, entre traditionalistes et modernistes dans l'espace musulman. En effet, les lectures sont nombreuses et parfois contradictoires, mais les sources de la majorité d'entre elles sont les textes sacrés qui, en grande partie, demeurent le référentiel avec lequel il faut composer.

Lectures de la tradition islamique sur le statut de la femme: l'éclairage embarrassant et bousculant de la modernité

La réflexion sur le statut et le rôle de la femme musulmane occupe, depuis la *Nahda* (la renaissance arabe, à partir du XVIIIᵉ siècle), le cœur du débat dans le monde arabo-musulman. Elle est toujours présente dans les écrits des penseurs et des intellectuels de l'islam. Cette grande question se résume à un dialogue-confrontation entre les exigences de la modernité telles que l'égalité dans la citoyenneté, la liberté individuelle, la sécularisation de l'espace public, etc. et les droits légitimes que l'islam (la *Chari'a*) confère à la femme en tant que fidèle et croyante.

Il est de coutume de considérer, dans une perspective historique de l'islam, que la femme a bénéficié au sein de la civilisation islamique de plusieurs droits. Dans la *jahiliya*, période antéislamique en Arabie, avant l'hégire (622), la femme était considérée comme un être humain inférieur et inapte; la pratique de tuer les filles nouvellement nées (*al wa'd*) était même largement répandue. Il est utile de noter que l'islam originel a octroyé à la femme beaucoup de respect et de considération, lui reconnaissant des droits largement progressistes par rapport à l'esprit et aux valeurs de l'ordre tribalo-clanique de la vie bédouine dans la péninsule arabique. Par exemple, la femme a obtenu le droit d'hériter et des restrictions ont été imposées à la polygamie.

Dans cette vision des choses, il est difficile d'imputer la position abaissée de la femme dans les sociétés musulmanes à la religion en tant que telle. Maxime Rodinson n'a-t-il pas dit, en 1979, que l'islam n'est pas un facteur de sous-développement? Mais du même souffle, le génie interprétatif de l'islam serait mis en cause pour n'avoir pas pu suivre la démarche de l'histoire des musulmans et les changements survenus dans les systèmes productifs agricole, féodal, industriel, etc. La période de sclérose et de retard, l'arriération ou la décadence (*al inhitat*) ont eu raison de l'effort d'interprétation et ont creusé le fossé entre l'idéal islamique et la modernité. Ainsi, faut-il tenir compte de la nature de la société qui entraîne vers l'arriération, mais aussi et surtout des interprétations rigoristes des textes aux dépens du contexte.

La femme dans l'idéal coranique

Quoi qu'il en soit et après la longue période de stagnation et d'éclipse du rôle féminin dans la société, une brèche allait s'ouvrir au XXᵉ siècle, avec l'émancipation des femmes, surtout en Égypte. Des figures féministes emblématiques, telles Safia Zaghloul, Hoda Chaaraoui, Ceza Nabaraoui et Nabaouia Moussa, ont largement influencé les mouvements féministes, partout dans le monde musulman. En fait, en 1923, Hoda Chaaraoui et Ceza Nabaraoui avaient participé à un congrès mondial des femmes, à Rome. À leur retour, devant de nombreuses femmes, dûment voilées, et quelques hommes venus les accueillir, elles avaient retiré leur voile. Ce geste, aussitôt imité par quelques femmes en Égypte et ailleurs — Anbara Salam, la première femme libanaise à se dévoiler —, restera pour longtemps dans les annales du mouvement féministe arabe. Notons que le militantisme de ces femmes pour leur liberté de choix s'accompagnait du combat qu'elles ont mené pour la libération de leurs pays respectifs du colonialisme occidental.

Ceci étant, les changements qui ont affecté le fond et la forme des rôles sociaux de la femme musulmane dans l'histoire récente, ne peuvent s'interpréter comme des cas isolés, sans fondement idéologique. On peut esquisser leur référentiel doctrinal suivant plusieurs courants.

Le réformisme islamique

Ce courant a trouvé dans l'islam une force morale et sociale qui pouvait combattre le retard culturel ou promouvoir le retour du rationalisme dans la pratique religieuse. Il s'agit en effet d'un retour aux sources de la foi, à son état des premiers temps de la communauté qui entourait le Prophète (âge d'or ou *assalaf assaleh*: les pieux ancêtres), purifié des déficiences provoquées par les siècles de décadence.

Le postulat principal de ce courant réformiste est que l'islam ne peut être déphasé par rapport à son siècle ou en contradiction avec les acquis des sciences modernes. C'est pourquoi ses penseurs s'efforçaient de rapprocher les textes sacrés des idées contemporaines. En d'autres termes, la prétention fondamentale de ce réformisme était la restauration de la bonne entente entre la grandeur passée de la civilisation musulmane et les acquis et les réalisations contemporaines de la civilisation humaine.

Ce courant sera le point de départ des réformateurs tels que Qasim Amin (1865-1908) qui prôna la libération de la femme musulmane en se référant aux interprétations juridiques et religieuses des écrits de son mentor, Mohamed Abdou (1849-1905), notamment auprès d'une population attachée aux valeurs religieuses et surtout traditionnelles. En effet, dans son ouvrage *La libération de la femme*, paru en 1899, Qasim Amin affirma la nécessité d'une restructuration profonde des mentalités patriarcales dans les sociétés musulmanes, attestant du lien existant entre la décadence de la communauté musulmane (*Umma*) et la position avilissante de la femme. Il faut retenir surtout que dans cet ouvrage, Amin s'est référé essentiellement aux textes religieux et leur a donné une nouvelle interprétation permettant d'aboutir à de telles conclusions. Cette démarche lui a valu des critiques acerbes de la part des théologiens de l'époque. Aussi, pour couper la route à ses détracteurs, il s'est référé aux nouvelles sciences sociales, dans un autre ouvrage intitulé *La nouvelle femme*, paru en 1900. Dans ce livre, Qasim Amin impute la servitude de la femme musulmane à celle de l'homme dans un système despotique qui devrait être rejeté, car il constitue une déviation de la philosophie du pouvoir en islam. Donc, selon lui, dans l'espace musulman, la libération de la femme est un corollaire de la libéralisation politique de l'homme et de l'espace public.

Le courant libéral

Ce courant stipule que le fondement principal du développement et du changement social réside dans l'inscription de la société dans le paradigme de la modernité. Les penseurs musulmans et arabes expriment leurs convictions que la modernité passe, entre autres, par la mise en exergue de la rationalité dans la gestion des affaires publiques, l'acceptation des sciences modernes dans la vie des citoyens, et surtout la valorisation du rôle de la femme dans la société. Pour ce courant, la modernité ne peut s'instaurer sans la laïcisation, une sécularisation de fait, des institutions sociales, économiques et politiques, et même des processus de la pensée. La référence historique et intellectuelle de ce courant est l'Europe des «Lumières» et le *sapere aude!* kantien. Autrement dit, aucun dépassement du sous-développement n'est possible à moins que la pensée arabe assume pour elle-même le projet des Lumières tel que Kant l'a exprimé pour la pensée européenne en particulier, et pour la pensée en général.

Quant à la religion, elle ne serait qu'un lien privé entre l'homme et le Créateur. L'espace public a ses propres logiques indépendamment de la loi religieuse. Donc, le point de départ n'est autre que celui de la renaissance de la civilisation occidentale. L'objectif consistera à créer une société moderne, résolument tendue vers le progrès, tout en conservant cependant du passé les traditions et les comportements qui ne sauraient faire obstacle à un tel projet de société. Parmi les défenseurs de ce courant, on trouve les intellectuels et penseurs égyptiens Taha Hussein (1898-1973), Salama Moussa (1887-1957) et surtout la psychologue contemporaine Nawal Saadaoui.

Salama Moussa[1], dans un ouvrage intitulé *La femme n'est pas un jouet de l'homme*, dans une perspective laïque et avant-gardiste, estime que la solution du problème réside dans l'égalité totale entre l'homme et la femme, surtout l'égalité économique et sur le plan de l'héritage. Quant à la psychologue et romancière égyptienne Nawal Saadaoui, elle est considérée, depuis les années 1960,

---

[1] Salama MOUSSA est un penseur chrétien très en vue dans le monde culturel égyptien des années 1940 et 1950. Parmi ses ouvrages, citons *Tarbiet Salama Moussa* (L'éducation de Salama Moussa), en 1948, et *El akl el batîn aw mokawanat el nafs* (La raison cachée ou les constituants de l'âme), 1929.

comme celle qui défend avec le plus d'acharnement la femme musulmane. L'idée centrale de Saadaoui est que la libération de la femme dans les sociétés traditionnelles arabo-musulmanes aboutira à la libération de toute la société. Dans son ouvrage *La femme et le sexe*, paru en 1974, Nawal Saadaoui traite, avec un courage impressionnant pour une femme dans une société où toute question relevant du sexe demeure taboue, de la schizophrénie éthique de l'homme arabe. Ainsi, elle affirme par exemple que «le père qui bat sa fille parce qu'elle a salué son camarade de classe, est celui-là même qui, la plupart du temps, a des relations sexuelles hors mariage, [...] et le frère qui, le jour, se cache derrière le masque de la piété et de la dévotion, est celui-là même qui, la nuit, se laisse aller à des attouchements sur le corps de sa petite sœur».

L'homme arabe, pour Saadaoui, est prisonnier de sa schizophrénie. C'est pourquoi il se rattrape, par compensation, en emprisonnant la femme dans son labyrinthe, où il n'est pas arrivé lui-même à trouver le fil d'Ariane.

Le courant socialiste et marxiste

Les partisans de ce courant de pensée sont des intellectuels urbains, des fonctionnaires, des banquiers, des ouvriers d'usine, des membres de professions libérales, ainsi que la bourgeoisie industrielle et une partie des membres de l'appareil d'État.

Le parti communiste égyptien, grâce à ses intellectuels, tels le philosophe Mahmoud Amin Al Alem ou le romancier Sonaâ Allah Ibrahim, a joué un rôle important dans l'élaboration théorique des principales idées de ce courant. Ses tenants inscrivent la question de la femme dans une perspective marxiste, prônant son égalité avec l'homme dans tous les domaines. L'égalité à laquelle exhortent les communistes et socialistes arabes s'est instaurée surtout dans les activités des instances des partis de gauche — au sein du milieu ouvrier, mais aussi et surtout dans les universités où le courant marxiste était majoritaire pendant les années 1970. Dans la littérature de gauche du monde arabo-musulman, la femme est l'égale de l'homme. Les revendications marxistes dans ce domaine vont du droit au travail à la liberté sexuelle, en passant par l'avortement et le concubinage.

Il est utile de rappeler que le courant marxiste était sévèrement réprimé par les régimes arabes. En fait, ce mouvement, qui comptait des partisanes et partisans des milieux ouvrier, estudiantin et intellectuel, était entre le marteau de l'État et l'enclume de la société traditionnelle. Son discours, abscons et transcendant la réalité sociale, est taxé d'hérétique. Et le comportement des femmes marxistes offensait les traditions: la liberté sexuelle, la non-observation du jeûne pendant le mois de ramadan, etc. sont mal acceptées dans les sociétés musulmanes. Par conséquent, la perspective marxiste de l'émancipation des femmes dans le monde arabe est restée limitée aux partisanes et partisans de ce courant et n'a pu rallier un grand nombre de citoyens à cause du référentiel athée que la société arabo-musulmane n'accepte pas, mais aussi à cause du comportement social des marxistes eux-mêmes qui est resté offensant vis-à-vis du cadre traditionnel de la société.

Signalons toutefois que les régimes arabes n'ont pas trouvé embarrassant de persécuter sévèrement ce courant pour qui les femmes sont sur un pied d'égalité avec les hommes. Des cas comme celui de la marxiste marocaine Saida Menebhi, morte en prison en 1977 des suites d'une grève de la faim et faute de soins appropriés, sont restés célèbres.

Cette vision marxiste et socialiste de la question féminine a été partiellement partagée par l'appareil étatique nassérien. En effet, la situation de la femme s'est améliorée sensiblement sous la révolution des officiers libres en Égypte, depuis 1952. L'idéologie nassérienne panarabiste concevait une société égalitaire, à la construction de laquelle la femme devait participer sur un pied d'égalité avec l'homme. Cette idéologie progressiste (au moins en théorie) avait pour objectif de faire descendre l'homme du piédestal où les us et coutumes ainsi que l'instrumentalisation de la religion à son profit l'avaient placé. Mais elle s'est heurtée à l'inertie générée par la mentalité patriarcale dominante dans la société arabe.

Craquement du système patriarcal arabo-musulman

Une difficulté importante peut être relevée dans la lecture d'un texte comme le Coran: c'est le risque de trahir le sens d'un verset quelconque quand on ne tient pas compte du contexte historique et surtout de la dimension linguistique. Aussi de nouvelles lectures du Coran ont-elles vu le jour ces dernières années, gagnant de plus en plus le terrain des interprétations du texte sacré. Elles se veulent des options face à l'herméneutique fondamentaliste dont le hanbalisme, et sa concrétisation dans l'idéologie du wahhabisme, représente le courant le plus inflexible à l'égard des femmes. Ces interprétations rigoristes du texte, qui ne tiennent guère ou point compte des données de l'histoire, versent parfois dans le simplisme.

Voici quelques exemples de ces nouvelles lectures concernant la femme[2].

Le féminisme dans l'espace musulman:
de la défensive à l'offensive

Le voile

> Dis aux croyantes de baisser les yeux et de contenir leur sexe; de ne pas faire montre de leurs agréments, sauf ce qui en émerge, de rabattre leur fichu sur les échancrures de leur vêtement. Elles ne laisseront voir leurs agréments qu'à leur mari [...]. («La Lumière», 31) Prophète, dis à tes épouses, à tes filles, aux femmes des croyants de revêtir leurs mantes: sûr moyen d'être reconnues (pour des dames) et d'échapper à toute offense. («Les Coalisés», 59)

Le sens littéral du mot «voile» renvoie à une tenture destinée à voiler la vue. Historiquement, il servait à séparer les épouses du Prophète et à les distinguer des autres. Il est à noter que cette coutume

---

[2] On se réfère ici aux travaux de Olfa Youssef, linguiste tunisienne spécialiste en islamologie appliquée, dont on rapporte ici un petit exercice d'exégèse moderne. Voir le lien suivant: http://www.telquel-online.com/158/couverture_158_1.shtml.

était largement répandue, même chez les autres nations. Dans la sphère arabe, pendant l'ère antéislamique, les hommes avaient très peu de respect pour la femme. Il s'agissait donc d'épargner aux femmes une situation de harcèlement sexuel.

Concernant le verset 31 de la sourate «La Lumière», les exégètes ont divergé sur le sens du mot *zina* (agréments). L'ordre de «rabattre leur fichu sur les échancrures» a reçu plusieurs explications. De plus, un autre verset («La Lumière», 60) exempte les femmes de l'obligation de se voiler après la ménopause. Autrement dit, l'obligation de se voiler est associée à la capacité d'enfanter. Ainsi, l'interprétation fondamentaliste contemporaine, qui veut faire du voile un pilier de l'islam et l'imposer, ne prend pas en compte les différentes lectures possibles du texte coranique. Ce fondamentalisme reste plus soucieux de préserver les symboles et les représentations de l'islam que de favoriser une modernisation des structures et des mentalités.

Il est utile de rappeler que certains penseurs de la mouvance islamiste ont expressément rejeté la nécessité du port du voile. Mentionnons, entre autres, en Égypte Rifaa Tahtaoui au XIXᵉ siècle, ou au Maroc, le malékite Moulay Bel Arabi Al Alaoui, au milieu du XXᵉ siècle[3]. Parmi les contemporains, citons Jamal Al Banna et Hassan Al Tourabi.

Le divorce

En islam, la femme a le droit de demander le divorce et, anciennement, la procédure en était facile. Les *Ûlémas* se réfèrent à l'histoire de la femme qui voulait divorcer de son mari et à la demande de laquelle le Prophète a accédé sans exiger de témoins, comme c'est le cas dans les sociétés musulmanes. Cette facilité dans la procédure a été oubliée avec le temps dans l'espace musulman où, à l'exclusion de l'islam chiite, la question du divorce demeure largement influencée par les quatre doctrines sunnites:

---

[3] Cité par le penseur marocain dans son article sur le *hijab* disponible sur: http://fish.whbdns.com/~aljabri/tajdid13.htm.

malékite, chaféite, hanbalite et hanafite. Aujourd'hui, les procédures du divorce demandé par la femme sont très complexes et prennent beaucoup de temps devant le Parquet, alors qu'au temps du Prophète, la pratique en était simple et expéditive. Cette situation s'explique en grande partie par l'influence des traditions de la société patriarcale, que l'islam lui-même a essayé en partie de contenir, au début de son apparition. Rappelons toutefois l'exception tunisienne, où le statut personnel trouve son origine dans la législation française, et celle du Maroc avec son nouveau code de la famille.

L'héritage

> Voici ce qu'Allah vous enjoint au sujet de vos enfants: au fils, une part équivalente à celle de deux filles. S'il n'y a que des filles, même plus de deux, à elles alors, deux tiers de ce que le défunt laisse. Et s'il n'y en a qu'une, à elle alors, la moitié [...].
> («Les Femmes», 12)

L'islam a institué le droit pour la femme d'hériter, sa part étant toutefois limitée à la moitié de celle du garçon. Signalons que cette question de l'héritage est très délicate en islam où les sunnites le considèrent comme faisant partie des droits (*hûdûd*) de Dieu, donc comportant des limites à ne pas dépasser. Les interprétations n'ont jamais remis en question la part de la femme dans l'héritage paternel. Pourtant, le débat est lancé et il vient de la république islamique d'Iran, d'obédience chiite. En effet, une des lois votées par le Parlement iranien en 2004 est celle qui accorde aux femmes les mêmes droits de succession qu'aux hommes. Certes, la réforme du code successoral iranien n'a pas concerné toutes les dispositions en matière d'héritage, et elle n'a pas encore reçu l'approbation du Conseil des gardiens de la constitution, véritable tribunal constitutionnel et religieux. Mais elle a le mérite de soulever le débat sur le sujet et de démontrer que le *fiqh* est capable de souplesse et peut s'adapter aux exigences de l'époque.

Quelques cas particuliers

Le code de la famille au Maroc: la Moudawana,
un saut qualitatif dans la jurisprudence islamique

Nul doute que l'exemple le plus cité en faveur de l'émancipation des femmes dans le monde musulman est le code de la famille au Maroc, promulgué en 2004. Citons, brièvement, à titre indicatif, les principaux principes énoncés par la *Moudawana*.

L'égalité de l'homme et de la femme

Dans la législation antérieure, celle de 1957, financièrement, le responsable de la famille c'était l'homme et celui qui assumait le devoir d'entretien (*nafaka*). Dans le nouveau code de la famille, cette responsabilité est conjointe aux deux époux. De plus, la femme peut désormais se marier sans l'aval de son tuteur, la tutelle étant devenue facultative, et la répudiation et le divorce sont placés sous le contrôle du juge. Le divorce est donc devenu plutôt consensuel.

Restriction de la polygamie

Le code de la famille de 2004 stipule que la polygamie doit être autorisée par le juge et par lui seul, dans des cas exceptionnels laissés à son appréciation.

Principe d'équité

Toute atteinte portée au statut de la femme équivaut désormais à une atteinte à l'ordre public. Toutefois, une des grandes innovations de ce code porte sur la répartition des biens acquis pendant le mariage. En effet, sous les législations antérieures, en cas de divorce, la femme ne pouvait revendiquer que la somme de la *moutaa*, le don de consolation, généralement modeste. Cette législation sur le partage à égalité des biens acquis pendant le mariage a été largement applaudie par le mouvement féministe marocain, mais elle a été tout aussi largement critiquée par les cercles islamistes politisés qui la considèrent comme contraire à la *Chari'a*.

Respect des droits de l'enfant

Une autre innovation dans le code marocain de la famille de 2004 est le fait que la mère qui se remarie ne perd plus le droit de garde des enfants. La femme divorcée peut désormais garder ses enfants avec elle, même si elle se remarie. Ajoutons également que l'enfant est reconnu officiellement, même s'il a été conçu pendant la période des fiançailles et avant que le mariage ne soit formalisé par un acte légal.

Ces points étant esquissés, il faut rappeler que le statut personnel au Maroc est un domaine réservé aux *Ûlémas* de tradition malékite. Pour eux se posait la question de l'habillage théologique qu'on pourrait attribuer aux innovations de la *Moudawana*. Et même si leur acquis théologique ne le permettait pas, ils ont réussi à trouver le dosage subtil entre le texte religieux et le contexte socioculturel de la société marocaine qui évolue.

Le Koweït: le libéralisme par les droits de la femme

Depuis plus de vingt ans, la femme koweïtienne manifeste pour ses droits politiques. En effet, avant d'être amendé, l'article premier de la loi 1962/35 interdisait à la femme koweïtienne de voter. Après plusieurs années de lutte, les femmes koweïtiennes ont obtenu pour la première fois les droits de vote et d'éligibilité. Certes, même en l'absence du droit de vote, les femmes koweïtiennes avaient acquis de nombreux avantages sur le plan de l'éducation et aux niveaux économique et social. Il reste cependant que le droit de vote est primordial dans une société moderne. Mais sur la base de leurs convictions religieuses, les islamistes koweïtiennes rejettent les droits politiques de la femme. Encore faut-il rappeler que ce courant est largement soutenu par la population koweïtienne, fondamentalement patriarcale, et essentiellement basée sur l'allégeance aux patriarches de tribus bédouines. Notons cependant que les musulmans chiites koweïtiens soutiennent les droits politiques des femmes, et Mohammad Baqer Al Mahri, le chef du Comité du clergé chiite au Koweït, s'est déjà prononcé en faveur de leur participation à l'Assemblée nationale. Par ailleurs, il est clair qu'en dépit des changements qui ont affecté depuis 1991 la région en général et le Koweït en particulier, comme la présence américaine civile et militaire, l'ouverture sur le monde occidental, etc., le courant séculier et libéral reste minoritaire.

Au-delà de ces divergences idéologiques, qui s'inscrivent parfois dans l'antagonisme généré par les calculs politiques entre les protagonistes, ce sont les droits fondamentaux des femmes qui étaient ignorés. En effet, en orientant le débat vers le droit de vote, certes, primordial aussi, on risque de ne pas traiter des vraies questions, celles qui concernent le statut de la femme au sein de la famille et l'égalité avec l'homme dans les différents domaines de la vie sociale.

La société koweïtienne, comme partout dans le monde arabo-musulman, aspire à la modernité, tout en essayant de préserver son identité culturelle inscrite dans la tradition islamique. Néanmoins, peut-on réussir ce défi sans une émancipation réelle des femmes musulmanes et le rétablissement de leurs droits?

La loi sur l'adultère en Turquie
et les crimes d'honneur en Jordanie et en Égypte

Le 14 septembre 2004, des milliers de femmes turques, représentantes des organisations féministes non gouvernementales, se sont rassemblées à Ankara. Elles protestaient contre la loi controversée visant à criminaliser l'adultère que le gouvernement islamiste de Recep Tayyip Erdogan venait de déposer. Cette loi sur l'adultère est problématique, la réforme envisagée relevant d'une politique islamiste pure et dure, totalement incompatible avec les critères occidentaux de la modernité. L'Europe s'est gardée de porter un jugement trop sévère sur les intentions du gouvernement turc, sous prétexte que la loi n'était pas encore votée. Mais elle brandissait la menace de rejeter la candidature de la Turquie au sein de l'U. E. Les menaces extérieures et les pressions intérieures ont finalement réussi à fléchir la position du gouvernement turc (au moins pour le moment), et l'ont poussé à composer avec les exigences des protagonistes laïques pro-occidentales.

Par ailleurs, si l'adultère n'est pas incriminé en Turquie laïque, où les forces séculières sont encore fortes, il est sévèrement réprimé dans les législations arabes. Pourtant, il est utile de rappeler que dans des sociétés comme la Jordanie et l'Égypte, les rapports traditionnels et extralégaux encadrent encore la vie tribale. Ainsi, l'adultère est réprimé, vengé en fait, par les membres de la famille des époux sans tenir compte des lois et règlements en vigueur. La «vendetta» dans les tribus de ces pays engendre des massacres à cause d'un fait social comme l'adultère. Dans de tels cas toutes les lois séculières et religieuses sont largement ignorées pour laisser la place à l'aléatoire et à l'absurde.

Les tendances à l'islamisation de la modernité au sein des communautés musulmanes dans les démocraties occidentales

Depuis les croisades, l'imaginaire judéo-chrétien a conservé de la religion musulmane une image négative, alimentée par la vision ethnocentrique occidentale des droits de l'homme, dont la question féminine constitue une branche, sinon la branche principale. Cette image est encore plus ternie du fait des rapports étroits mais conflictuels qu'entretiennent les deux référentiels islam et modernité. Certes, l'établissement de la communauté musulmane en Occident est ancien, mais le hiatus entre les deux «mondes» demeure difficilement franchissable. Et même les vertus de la laïcité occidentale n'ont guère pu transcender les clivages imposés par les différences culturelles.

Sur la question féministe, l'Occident impute à l'islam le maintien de la femme dans une position d'infériorité, la réduisant à l'état d'asservissement pour le compte de l'homme. Dans cette perspective, la société occidentale a du mal à accepter une communauté dont les idéaux sont a priori contraires aux caractéristiques de la modernité et des droits de l'homme, tels qu'ils sont esquissés dans les différentes déclarations depuis 1789. Ces idéaux sont aussi et surtout opposés à la notion de la laïcité, fierté de l'Occident judéo-chrétien.

C'est au nom de cette laïcité qu'en mars 2004, une loi, appelée parfois «loi sur le voile islamique», a été votée par le Parlement français. Elle interdit le port de tout signe religieux «ostentatoire», ce qui inclut le voile islamique, la *kippa* et les grosses croix dans les lycées publics. Au-delà de la difficulté d'application de cette loi et des situations contradictoires qu'elle peut générer — par exemple, on peut se cacher les cheveux avec autre chose qu'un voile islamique sans pour autant enfreindre le texte de ladite loi —, l'affaire du foulard et ses conséquences législatives ont révélé les problèmes liés à la pratique de la religion islamique dans la société occidentale et, par ricochet, celui de l'intégration des communautés religieuses en Occident.

La loi française sur le foulard islamique a suscité de nombreux débats entre érudits arabo-musulmans, dont on peut distinguer quatre tendances principales:

— *Le courant des intellectuels laïcisants.* Il regroupe tous les intellectuels dits modernes, libéraux ou marxistes qui refusent toute allusion aux textes religieux. Ils inscrivent leur point de vue dans le paradigme de la modernité occidentale, dont la laïcité constitue le fondement. C'est un point de vue que partagent également beaucoup de juristes dans le monde arabe. Ils considèrent qu'une loi, juste par définition, peut n'être pas équitable mais doit être respectée. Ainsi, la minorité musulmane en France est tenue de respecter les lois du pays hôte et doit conditionner ses convictions aux exigences de la modernité du monde occidental.

— *Le courant islamiste radical.* En général, ce courant considère que la décision française s'inscrit dans le cadre de la guerre menée par l'Occident chrétien contre l'islam. Pour corroborer leurs points de vue, les tenants de ce courant évoquent entre autres le célèbre verset coranique 121 de la sourate «La Vache»:

Ni les juifs, ni les chrétiens ne seront jamais satisfaits de toi, jusqu'à ce que tu suives leur religion. Dis: «Certes, c'est la direction d'Allah qui est la vraie direction.» Mais si tu suis leurs passions après ce que tu as reçu de science, tu n'auras contre Allah ni protecteur ni secoureur.

Ce verset, tiré de son contexte et largement extrapolé à des fins idéologiques, est un leitmotiv dans la littérature islamiste radicale. Du coup, tout l'Occident devient un ennemi, car il est un apostat. Cette thèse est encore plus radicale dans la pensée de Ben Laden, qui a d'ailleurs menacé la France à travers ses groupuscules opérationnels en Europe. Quelle que soit la véracité des intimidations d'Al Qaïda, il y a tout un courant islamiste qui véhicule une pensée manichéenne, un islam «vertueux» devant affronter un Occident «satanique».

— *Une mouvance islamique dissidente.* Ce courant regroupe des docteurs de la *Chari'a* islamique renommés, tel le Grand Imam de la mosquée Al-Azhar. Ce dernier, en se basant sur la fameuse règle du *fiqh* islamique: «les contraintes permettent d'enfreindre les interdits (*addarourat toubihou al mahdhourat*)», a estimé que, dans ce contexte précis et selon la *Chari'a*, le statut d'une femme musulmane qui se conforme aux lois d'un pays non musulman est celui de personne contrainte. Conformément à la coutume des théologiens, le Grand Imam se réfère au Coran dont le verset 173 de la sourate «La Vache» dit:

Allah vous a seulement interdit la bête morte, le sang, la viande de porc et tout animal sur lequel on aura invoqué un autre nom que Allah. Quiconque en consomme toutefois parce qu'il est contraint (par nécessité), non par insolence, non plus par transgression, nul pêché ne lui sera imputé. Allah est celui qui pardonne, Il est Miséricordieux.

Il n'est point question du *hijab* (le voile) dans ce verset, mais le Cheikh Tantaoui a utilisé le procédé du *qias* (l'analogie) pour démontrer la nécessité que la femme musulmane se conforme aux lois de son pays hôte. L'analogie est une technique largement utilisée par les théologiens musulmans pour résoudre les questions nouvelles, jusque-là inconnues.

Signalons aussi la position d'Al Qaradaoui, grande référence de l'islam sunnite modéré. Le Cheikh Qaradaoui, dans ses prêches du vendredi à Doha (au Qatar), affirme que la loi française sur le voile est antidémocratique et surtout intolérable dans un pays qui prétend à la fraternité, à la tolérance et à l'égalité. Il précise que le voile islamique n'est pas un signe religieux mais un habit parmi d'autres, qui remplit une fonction, celle de cacher les cheveux et le cou de la femme qui le porte. Au contraire, la croix ou la *kippa*, selon Qaradaoui, n'ont d'autre fonction que d'afficher son appartenance au christianisme ou au judaïsme. Aussi la position française demeure-t-elle incompréhensible, voire incohérente, estime le grand dignitaire musulman.

Qaradaoui n'a donc pas permis à la femme musulmane en France en particulier et en Occident en général d'enlever son voile, estimant que cette affaire devait être amenée devant les tribunaux, puisque les États occidentaux sont des États de droit. Qaradaoui fait ici allusion à une autre *fatwa* concernant le voile en Tunisie. Ce pays musulman interdit catégoriquement le port du voile dans les écoles, les universités, les administrations et partout ailleurs. Certes, en Tunisie, cette réglementation n'est pas entérinée explicitement par une loi, mais le système basé sur la police et les services de renseignement interdit le port du voile sans qu'une loi soit nécessaire. C'est pourquoi Qaradaoui a toléré que la femme musulmane enlève son voile en Tunisie, afin qu'elle puisse sortir, travailler et étudier. Sa décision est fondée sur l'argument de la nécessité évoquée par le Cheikh Tantaoui dans le cas du voile en France, et surtout sur l'absence d'un État de droit en Tunisie. Par conséquent, la femme tunisienne n'a pas d'autre choix que celui de ne pas porter le voile. Ce qui n'est pas le cas pour son homologue en France, qui peut se battre pour ses droits, estime Qaradaoui.

Le problème du voile, qui s'est posé avec une telle acuité en France, ne se pose guère en Amérique du Nord où le multiculturalisme de tendance britannique a pour effet de diluer le problème sans lui trouver de solution définitive.

Il est approprié de dire sans prétention qu'un profond débat et questionnement anime la raison islamique des communautés diasporiques. Fondé sur la paix civile, l'égalité dans la citoyenneté et le droit à la différence, ce débat porte sur les modalités de l'intégration des musulmans et musulmanes dans les sphères publiques et sociales des pays d'accueil. Voyons maintenant ce qu'il en est du statut de la femme dans les législations de l'espace musulman.

Le statut de la femme dans les législations arabo-musulmanes contemporaines

Plusieurs législations musulmanes contemporaines prônent l'égalité entre homme et femme, en tenant compte à la fois des conventions internationales que ces pays ont signées et des préceptes de la religion, incontournables dans l'espace arabo-musulman en raison du rôle de la religion dans la vie des musulmans, sur le plan de la pratique et sur celui de la culture. Voici donc quelques exemples de ces législations.

— *Les droits de la femme en Libye.* D'un point de vue juridique, il n'est point de différence entre l'homme et la femme concernant les droits politiques en Libye. L'article 5 de la Proclamation constitutionnelle de 1969 avance que «tous les citoyens sont égaux devant la loi», et l'article 16 stipule que la «défense de la patrie est un devoir sacré», le service militaire étant une question d'honneur pour les Libyens. On retrouve également la mention de ces droits dans la Proclamation du pouvoir du peuple du 2 mars 1977. De plus, aucun texte juridique n'interdit aux femmes de participer aux congrès publics ni de se présenter aux postes de secrétaires des comités populaires ou de voter.

Concernant les droits économiques, le Code du travail libyen n'établit pas de différence en fonction du sexe. L'article 91 stipule que tous les textes sur l'organisation du travail concernent les hommes et les femmes, sans discrimination. Il interdit la participation des femmes aux travaux difficiles et dangereux, et limite leur semaine de travail à quarante-huit heures au maximum. De plus, en vertu de la loi libyenne de 1980 sur la sécurité sociale, les femmes ont droit à une retraite décente, ce qui est peu commun dans les autres pays arabo-musulmans.

Précisons cependant que le statut personnel de la femme libyenne n'est pas équivalent à celui de l'homme, comme c'est le cas dans les législations démocratico-libérales. Toutefois, en dépit des réticences et de l'inertie des exégèses réactionnaires, mais aussi et surtout du poids des traditions, on peut retenir qu'au moins dans les lois écrites, la femme libyenne a conquis une émancipation et certains droits: l'interdiction du mariage et du divorce sans son consentement, la latitude de gérer ses propres biens sans être soumise à l'autorité de son mari, etc. Cependant, la divergence entre le texte et le contexte est aggravée par le taux d'analphabétisme féminin qui dépasse 28%.

— *Les droits de la femme au Liban.* Rappelons d'abord qu'en raison d'une caractéristique de la société libanaise, le statut de la femme dans ce pays diffère d'une communauté à une autre. Toutefois, l'article 7 de la Constitution libanaise insiste sur l'égalité entre les sexes et stipule que: «Tous les Libanais sont égaux devant la loi. Ils jouissent également des droits civils et politiques et sont également assujettis aux charges et devoirs publics, sans distinction aucune.» Mais en dépit de ce principe fondateur, en vertu des articles 11, 12 et 13 du Code du commerce libanais, la femme mariée ne pouvait exercer une activité commerciale que sous réserve d'une autorisation écrite de son mari. Cette condition a été supprimée par la loi n° 380, du 4 novembre 1994. Désormais, la femme majeure, qu'elle soit célibataire ou mariée, est pleinement apte à l'exercice du commerce.

Par ailleurs, le Code pénal libanais, dont certains experts ont suggéré une réforme, contient des dispositions que d'aucuns qualifient de discriminantes envers les femmes dans plusieurs domaines:

— les crimes d'honneur: l'homme bénéficie généralement de circonstances atténuantes pour avoir tué son épouse si elle avait commis l'adultère, si elle avait eu un rapport sexuel illicite ou même si elle s'était trouvée dans une situation apparemment compromettante;

— l'adultère: une femme sera condamnée pour adultère que l'acte ait eu lieu au domicile conjugal ou à tout autre endroit, tandis que l'homme ne le sera que s'il commet l'adultère sous le toit conjugal ou s'il entretient ouvertement une maîtresse. Mais les dispositions du Code pénal libanais concernant l'adultère font actuellement l'objet d'un réexamen détaillé.

En revanche, les femmes libanaises commencent à être traitées sur un pied d'égalité avec les hommes dans le domaine juridique, en particulier en ce qui concerne leur capacité juridique et la gestion de leurs biens.

— *Les droits de la femme en Arabie saoudite.* Dans l'édition du 6 décembre 1999 du quotidien saoudien *Al Jazeera*, l'émir Abdallah, prince héritier du royaume de l'Arabie saoudite avança que:

La femme saoudienne est une citoyenne à part entière [...] elle a des droits [...] des obligations [...] et une responsabilité [...] et lorsqu'on parle du développement global pour notre pays, dans tous les domaines, on ne peut omettre le rôle de la femme saoudienne [...] ni sa participation dans ce développement [...].

Cependant, ce rôle de la femme saoudienne dans la société semble difficile à mettre en place. En effet, la vie féminine en Arabie saoudite est assujettie à tout un système de traditions, de règles et de *fatwas* religieuses. Ce qui engendre des entraves aux principes fondamentaux des droits de l'homme dont l'écho n'a cessé de résonner ces dernières années, à la suite des différents rapports des organisations internationales de *Human Right Watch*, d'*Amnistie Internationale*, etc. Par exemple, la femme ne peut voyager, voire même marcher toute seule aux alentours de chez elle, sans autorisation écrite de son mari ou tuteur. Elle ne peut non plus conduire une voiture, même si aucune loi écrite ne le lui interdit. Signalons que c'est ce dernier fait que la critique internationale et surtout occidentale retient. En réalité, cette attitude aberrante du système saoudien cache les vrais problèmes des femmes en regard des tribunaux légaux et du statut personnel, les hommes exerçant une autorité absolue. La polémique actuelle se réfère uniquement aux us et coutumes. Néanmoins, les femmes sont lésées dans leurs droits principalement au sein de la famille même, où elles souffrent d'une discrimination systématique et de violence, et sont reléguées au niveau de citoyennes de seconde classe. Cette situation est d'autant plus aggravée pour les étrangères travaillant comme bonnes et qui souffrent de discrimination raciale et d'abus sexuels. Leurs droits sont totalement ignorés par la justice saoudienne, masculine par excellence.

Avec l'ouverture progressive de la presse et des médias saoudiens sur l'extérieur, dans le cadre des réformes, certes lentes, que connaît le royaume, plusieurs cas de femmes souffrant d'inégalité devant la loi ont été mis en évidence et ont été traités par la télévision officielle saoudienne. Il s'agit d'une situation véritablement kafkaïenne. Un cas fréquent est celui de la femme qui demande le divorce conformément à la *Chari'a*, et que le juge oblige à renoncer à tous ses droits financiers, voire aussi et surtout à la garde de ses enfants. Le problème réside essentiellement dans l'absence de textes de loi explicites et plus clairs. Tant et si bien que dans des situations similaires, on retrouve différents jugements contradictoires.

Cette brève esquisse des droits de la femme dans les législations arabo-musulmanes montre à l'évidence que les femmes musulmanes doivent encore lutter pour obtenir la reconnaissance de leurs droits fondamentaux, dans la législation et en pratique. Ce qui ne peut advenir que si toute loi est inscrite dans le référentiel démocratique des droits de la personne et de l'égalité entre l'homme et la femme.

CONCLUSION

Cette étude se proposait d'éclairer des aspects essentiels de la pensée arabo-musulmane contemporaine. L'intention était de faire connaître au lecteur, de manière détaillée ou parfois plus sommairement, les thèmes et les enjeux dominants, bien que non exclusifs, de la raison politique musulmane. On a ainsi voulu identifier et présenter les différentes réponses que le monde musulman apporte à l'idéal de la modernité tel qu'il est compris et appliqué par la pensée européenne en particulier, et occidentale en général.

Au fil des chapitres, nous avons examiné des cas spécifiques en étant conscient de sacrifier ainsi une analyse critique de l'intégralité de la culture arabe et musulmane, certainement plus globale et plus diversifiée. Nous n'avons pas voulu privilégier un courant aux dépens d'un autre ou présenter un penseur en négligeant les autres, ou encore faire une analyse réductrice de certains textes. Toutefois, il faut l'admettre, nous avons délibérément pris une certaine distance avec les écrits qui prêtent à controverse, pour ne retenir que les textes de fond, plus critiques ou même innovateurs dans leurs domaines.

L'essentiel de notre démarche consistait à explorer et à présenter la pensée arabo-musulmane avec l'intention de mettre en lumière les réponses qu'elle apporte aux questions qui se posent aujourd'hui. La première tâche a consisté à souligner la particularité du traitement par la culture arabe des thèmes choisis et à mettre en évidence la différence entre culture arabe et culture occidentale. Dans un second temps, il s'agissait de montrer comment des penseurs arabes, des intellectuels ou des activistes ont essayé de concilier certains aspects de l'enseignement courant de l'islam avec les exigences de la modernité telle qu'elle est conçue idéalement ou vécue dans le monde arabo-musulman ou dans le monde occidental.

On peut parler à juste titre d'une tentative des élites arabomusulmanes de réactualiser la pensée islamique traditionnelle. Tout d'abord, l'histoire permet de montrer la force de cette pensée dans un contexte précis et de nous éclairer sur sa capacité critique et d'innovation. Surtout sur sa capacité de remettre en question ce que les interprétations dominantes et communes ont considéré comme achevé et immuable et, par conséquent, ce qu'elles ont hissé au rang de vérité absolue ou qu'elles ont sacralisé et rendu intouchable. D'ailleurs, les frontières entre le sacré et le tabou sont à redessiner. Surtout faut-il délimiter le sacré et les interdits qu'on est en droit ou non de lui attribuer.

Au point de départ, nous avons essayé de nous débarrasser des préjugés qui sont susceptibles d'occulter une vision impartiale de l'islam contemporain. Toutefois notre étude, intentionnellement critique, garde ouverte la question de savoir de quelle pensée islamique on parle. Dans les imaginaires non musulmans, occidentaux et autres, l'évocation de l'islam déclenche des perceptions négatives: du fanatisme à la justification de la violence, en passant par le rejet de l'autre. Bref, l'image d'un vivier du terrorisme international. Depuis le 11 septembre 2001, on parle d'un radicalisme islamique que l'on considère comme le plus représentatif de la civilisation de l'islam. Ce que, de toute évidence, rejette énergiquement la majorité des adeptes de cette foi.

Notre ouvrage accompagne des intellectuels musulmans dans leurs débats afin de montrer la diversité des interprétations possibles de l'islam, une religion qui ne se réduit pas à une seule lecture! Nous assistons à l'élaboration d'une pensée qui puise sa légitimité dans des interprétations ou des réinterprétations de certains textes historiques islamiques, mais certainement aussi qui s'élabore à partir de l'éclairage de critères «occidentaux». Sans omettre cependant de prendre en considération les contradictions de l'Occident lui-même qui a connu des dérapages dans l'application de ses principes universels.

Cette étude aura permis au lecteur de se rendre compte de la grande mobilité de la pensée islamique qui l'a rendue capable d'agir fortement sur les événements historiques. Ce n'est pas une pensée figée comme le sont les discours idéologiques islamistes combatifs. Ni une pensée abstraite et coupée de la fluidité de l'histoire et de ses nouvelles configurations comme le propagent les discours traditionnalistes.

Les aspects que nous avons retenus du débat au sein des élites musulmanes révèlent la multitude des prismes, des perspectives et des réponses proposés en ce qui concerne le social, l'économique et le politique. Ces élites essaient de se positionner par rapport à tous les sujets, en tentant d'offrir une solution aux problèmes posés. C'est ce facteur évolutif qui a assuré le dynamisme de la culture musulmane dans les plus grands moments de son histoire. On peut ainsi constater le potentiel de rébellion de la pensée islamique contre les tentatives qui visent à la confiner dans des discours réductionnistes, que ce soit ceux de ses propres adeptes ou ceux de ses détracteurs. Ainsi, malgré des constats de sa décadence, la raison musulmane conserve un dynamisme qui lui est propre et qui la rend capable de faire face aux exigences du renouveau et du développement.

La pensée islamique est loin de se caractériser par le débat sur la tradition, et sa conception du passé n'est pas toujours de nature passéiste! Au contraire, sa préoccupation majeure reste celle de chercher des réponses appropriées aux défis actuels posés aux individus et aux communautés musulmanes. Ceci étant dit, la rupture catégorique avec le passé, que plusieurs penseurs arabo-musulmans laïques promeuvent pour intégrer la modernité, est réfutée par ces intellectuels du courant islamiste. Ces derniers identifient un vecteur de modernité dans l'histoire arabo-musulmane elle-même et ils pensent qu'on peut trouver au sein de l'islam les modèles historiques à suivre pour parvenir à la modernité recherchée. En d'autres mots, la modernité peut, sinon doit être conçue sans qu'il faille rompre avec la tradition musulmane.

En fait, comme le montre notre ouvrage, le débat reste engagé entre les représentants des tendances traditionnalistes et modernistes dans toute la diversité de leurs choix idéologiques et les nuances de leurs apports. Ce débat connaît une fixation autour de la pression accrue, exercée par la tendance islamiste surtout activiste, pour ré-islamiser le quotidien des musulmans de sorte qu'ils rejettent en conséquence toute approche relativiste, non littérale et non absolutiste de leur idéal coranique. C'est ainsi que dans leur recherche d'un référent universel, les musulmans sont tiraillés entre la modernisation de leur culture ou l'islamisation de la modernité. La quête d'une synthèse historique est toujours en cours! Les réponses sont multiples sans qu'aucune ne soit décisive! Du moins pour le moment.

Il reste que cette quête d'une sortie de la crise, sur les plans géopolitique et idéologique, est tributaire de conditions complexes encore absentes: entre autres, l'effort pour se libérer de la domination des approches apologétiques et défensives ou encore l'adoption d'attitudes autocritiques et respectueuses des droits à la différence.

Enfin, cet ouvrage est motivé par l'espoir que la culture arabo-musulmane posera la liberté comme pierre angulaire de son édifice. Pour ce, l'apport des élites arabes et musulmanes dans les diasporas est incontournable.

ANNEXES

POPULATION TOTALE DES PAYS MUSULMANS EN 2003
(en millions)

Pays	2003	Pays	2003
Afghanistan	...	Mali	12.74
Albanie	...	Maroc * (arabe, berbère)	30.57
Algérie *	31.87	Mauritanie * (arabes, noirs africains)	2.89
Arabie saoudite *	...		
Azerbaïdjan	8.27	Mozambique	19.05
Bahreïn *	0.69	Niger	13.05
Bangladesh	136.62	Nigeria	125.91
Bénin	7.00	Oman *	3.00
Brunei	0.35	Ouganda	26.87
Burkina Faso	12.42	Ouzbékistan	26.00
Cameroun	15.75	Pakistan	147.66
Comores *	0.76	Palestine *: OLP (Organisation de libération de la Palestine) a été admise comme représentante du peuple palestinien en 1976.	3.51
Côte d'Ivoire	17.60		
Djibouti *	0.76		
Émirats arabes unis *	4.04	Qatar *	0.73
Égypte *	71.27	République kirghize	5.14
Gabon	1.34	Sénégal	11.12
Gambie	1.44	Sierra Leone	5.12
Guinée	9.00	Somalie * (arabes, noirs africains)	10.00
Guinée-Bissau	1.49		
Guyana	0.75	Soudan * (arabes, noirs africains)	34.86
Indonésie	217.35		
Irak * (arabes kurdes, turkmènes…)	25.00	Surinam	0.45
		Syrie *	18.13
Iran (minorité arabe)	68.17	Tadjikistan	6.36
Jordanie *	5.35	Tchad	9.13
Kazakhstan	14.86	Togo	5.84
Koweït *	2.33	Tunisie * (arabes et berbères)	9.85
Liban *	3.50	Turkménistan	5.00
Libye * (arabes et berbères)	5.63	Turquie	70.23
Malaisie	24.44	Yémen *	19.70
Maldives	0.31		

Source: Site officiel de l'Organisation de la conférence islamique
(http://www.oic-oci.org).

Compléments d'information

1. Les chiffres sont celles du site officiel de l'Organisation de la conférence islamique, mais les informations concernant la répartition ethnique dans les pays arabes ou l'appartenance à la Ligue des États Arabes, sont ajoutées par l'auteur.

2. * Pays faisant partie de la Ligue des États Arabes. Cette dernière est composée de 22 états membres, qui sont également membres de l'Organisation de la conférence islamique.

3. Les musulmans arabes forment environ 20% d'un ensemble de 1 milliard 300 millions d'adeptes.

4. Les chiites sont majoritaires en Iran (94%) et en Irak (60%); ils constituent (33%) au Liban, au Koweït (30%), aux Émirats arabes (15,9%), en Syrie (12%) et en Arabie saoudite (10%). À Oman, par contre, la majorité de la population est de foi ibadite (branche du kharidjisme) (73%).

5. Les communautés musulmanes forment des composantes importantes en Inde (130 millions), en Russie (20 millions), sur le continent européen (53 millions), dans l'Union européenne (12 millions), en Amérique du Nord (7 millions).

GLOSSAIRE

Ahl al Kitab (Gens du Livre) — Terme coranique désignant les juifs, les chrétiens et aussi les sabéens. Des exégètes l'élargissent pour inclure les hindous et adeptes d'autres religions.

Bai'a — Acte d'allégeance et d'obéissance des musulmans à leur Imam (souverain musulman) selon la *Chari'a*. En fait, c'est un contrat social entre les musulmans et leurs gouvernants sur la base du respect de la *Chari'a*. Sauf que, selon certaines interprétations de la science politique musulmane, les souverains en terre d'islam n'ont point de compte à rendre à leurs sujets.

Califat (Lieutenance, vicariat) — Institution née à la mort du Prophète pour combler le vide politique laissé par lui. Le calife (successeur) est le titre porté par le chef de la communauté des croyants. Il ne possède aucun pouvoir spirituel, il est chargé de faire appliquer la *Chari'a* en terre d'islam. Après la mort du Prophète, en 632, entre 632-660, quatre califes se sont succédé: Abou Bakr, Omar, Othman et Ali. Par la suite, la monarchie a été instaurée en islam avec la dynastie des Omeyyades (661-750), celle des Abbassides (750-1532) et celle des Ottomans (1532-1924). Il est à signaler que tous ces souverains ont porté le titre de calife.

Chari'a (Littéralement «voie» ou «chemin») — La traduction largement retenue du mot en français est «loi islamique». Il désigne l'ensemble des préceptes islamiques, qui déterminent l'existence du musulman, et il englobe aussi l'eschatologie musulmane. Pour les théologiens musulmans, la *Chari'a* constitue l'ensemble des principes généraux de la loi islamique issus du Coran, de la *Sunna*, de la jurisprudence et d'autres sources.

Chiisme — Branche de l'islam regroupant ceux qui, à la mort du Prophète, se réclamaient de la légitimité de la famille de ce dernier (*Ahl al Bayt*), surtout de Ali, son gendre, pour prendre les commandes de la communauté. L'opposition fondamentale entre sunnisme et chiisme tient à la question du califat. Dans le sunnisme, le calife n'est que le souverain temporel chargé de protéger le cadre religieux de l'État. Par contre, dans la théorie de l'imamat développée par le chiisme, l'imam est infaillible et possède une science à la fois religieuse et temporelle.

Dhimmi (Protégé) — Membre de l'une des religions du livre, le judaïsme et le christianisme, qui vit en terre d'islam sous la protection du califat et qui est sujet à un impôt différent (*al jizia*), et privé de certains droits politiques (comme la participation à l'armée) mais conservant une autonomie religieuse et culturelle dans le respect de la loi de l'islam.

Fatwa — Avis (ou décret) juridique autorisé, généralement non contraignant, visant une interprétation particulière de la loi islamique face à un fait nouveau qui s'impose. Le but est de mettre au clair l'imprécision du texte religieux. Mais devant le fait de la décentralisation du monde sunnite, plusieurs *fatwas* sont émises par des gens non qualifiés. Il arrive même qu'on ait, sur un cas, des *fatwas* contradictoires issues de plusieurs dignités musulmanes.

Fiqh — Science du droit islamique constituée à partir du VIIIe siècle. Dans le monde sunnite, il existe quatre écoles fiqhistes, dites juridiques: hanafite, malikite, shafi'ite, hanbalite, du nom de leurs fondateurs respectifs, Abou Hanifa (699-767), Malik (env. 715-env. 795), Shafi'i (767-820) et Abou Hanbal (780-855). Le *fiqh* comporte deux grandes sections fondées sur des méthodologies différentes: *Al-'ibâdât*, les pratiques religieuses et *Al-mu'âmalât*, les affaires sociales.

Fitna (Discorde) — Crise politique violente aux implications religieuses sous le califat d'Ali (656-661), et qui a brisé définitivement l'unité de la communauté islamique. Elle est plus connue sous le nom de la Grande Discorde.

Fitra — La nature foncière et originelle de l'homme. Selon la tradition musulmane, par sa nature même, l'être humain est conduit à la connaissance de Dieu.

Hadith («Récit», «propos») — Ce terme désigne les paroles et les faits du Prophète de l'islam rapportés par ses compagnons, dans le but de constituer l'exemple à suivre par tous les musulmans. L'ensemble des *hadiths*, quand ils sont authentifiés, constitue, après le Coran, la seconde source de la *Chari'a*.

Ijtihâd — Effort effectué par un juriste pour extraire une loi des données scripturaires ou pour donner un avis juridique en l'absence de textes de référence.

Jihad («Effort accompli en vue de la réalisation d'un objectif») — Généralement, la théologie musulmane distingue le «grand *jihad*» et le «petit *jihad*». Le premier doit être mené par le musulman en vue d'une purification spirituelle, en suivant rigoureusement les enseignements du prophète Mahomet. Le deuxième est le combat «saint» et guerrier que les musulmans doivent mener pour se défendre et s'imposer à leurs ennemis. Le *jihad* serait une guerre légale défensive ou offensive.

Jahiliyya — Ignorance, paganisme. Dans la culture arabo-musulmane, ce terme désigne la période préislamique caractérisée par le culte des idoles en Arabie.

Kafir — Apostat ou impie.

Kharidjites — Branche musulmane qui a contesté le processus de la sélection des califes. C'est une tendance égalitariste et populiste qui a émergé en 658.

Maqâsid — Finalités, buts, objectifs de la *Chari'a*.

Nahda — Renaissance arabe au XIXᵉ siècle.

Qias — Raisonnement par analogie. Une des techniques les plus subtiles que le *fiqh* a produite. Par exemple, l'interdiction des drogues: celles-ci n'existant pas au temps du Prophète, ni le Coran ni aucun *hadith* n'en traite; c'est par analogie avec l'alcool qu'on en interdit l'usage, car elles produisent les mêmes effets que l'ébriété.

Qoraish (Quraich) — Nom de la tribu du prophète Mahomet à La Mecque et qui a joué un rôle important dans l'histoire de l'Arabie avant et après l'islam.

Ridda — Apostasie. Mouvement de sécession des Arabes, que l'histoire a connu après la mort du Prophète entre 632 et 634.

Salafi (De *as salaf*) — Terme généralement utilisé pour désigner les premières générations de musulmans, plus particulièrement les *Sahabas*, les compagnons du Prophète. À l'époque actuelle, le terme désigne parfois les musulmans qui veulent revigorer l'islam par un retour aux sources, à la pure doctrine de ces premières générations, et par le rejet des opinions novatrices. Parmi les personnalités représentantes de ce courant, on trouve les Saoudiens Ibn Baz et Ibn Othaymine. Ce courant porte parfois le nom de néo-salafisme.

Sahih (Sain et sans défaut) — *Hadith* authentifié. Les deux corpus de *hadiths* les plus vraisemblables, qui sont considérés comme *sahih* selon la tradition sunnite, sont ceux d'Al Boukhari et de Muslim.

Sunna — «Règle de conduite» du Prophète, ses paroles et ses actes, et plus généralement les enseignements et les exemples qu'il a donnés. Cette règle est transmise par ses compagnons et leurs successeurs, et reconnue par la majorité des musulmans sunnites.

Sunnisme — Courant doctrinal majoritaire en islam, les sunnites sont désignés en arabe comme les gens de la *Sunna* et de la communauté (*ahl al sunna wa'l djama'ja*). Le sunnisme est défini par la modération et le refus de toute tendance extrémiste.

Shûrâ — Consultation, concertation, dans les affaires politiques.

Ûlémas (Pluriel d'*alim*, sage, érudit) — Savants et juristes de la religion musulmane, les *Ûlémas* sont les garants du respect et de l'application de la *Chari'a*.

Umma — Terme coranique désignant la communauté des musulmans prise dans son ensemble dans le monde entier. On le traduit parfois par nation ou communauté.

Wahhabisme — Mouvement fondé dans la péninsule arabique par Mohammad Ibn Abdel-Wahhab (1705-1792), qui prônait un islam puritain et rejetait toutes les innovations (*bida'*), en s'inspirant d'Ibn Hanbal (780-855) et d'Ibn Taymiya (1263-1328).

NOTICES BIOGRAPHIQUES

des principaux auteurs et des personnes citées

AAMARA (Mohamed). — Ancien marxiste égyptien devenu un fervent défenseur de l'islamisme. Parmi ses ouvrages: *L'Islam et l'Autre: «Qui accepte qui?, Et qui renie qui?»*, *L'Occident et l'Islam: Où résident le faux et le vrai?* et *L'impasse du christianisme et de la laïcité en Europe*.

ABDERRAZIQ (Ali) (1888-1966). — Théologien et réformiste égyptien. Son œuvre principale, *L'Islam et les fondements du pouvoir*, constitue une pierre angulaire de la pensée arabo-musulmane contemporaine. Il plaidait pour une séparation du religieux et du politique. Ses thèses lui ont valu la condamnation des théologiens d'Al-Azhar.

ABDOU (Mohamed) (1849-1905). — Théologien réformiste de la *Nahda* et grand *mufti* égyptien. Il s'éleva contre le *taqlid* (imitation de l'Occident) et se battit pour le retour aux sources pures de l'islam des premiers temps. Il prôna la tolérance religieuse et appuya l'importance du *'aql* (raison) comme régulateur de la religion. Ses efforts furent concentrés sur la réforme religieuse et la reprise de l'*ijtihâd*. Il collabora avec Jamal Eddine Al Afghani à sa revue *Al 'Urwa al wuthqa* (Le Lien indissoluble). Il a publié entre autres *Risalat al tawhid* (Traité de l'unicité divine).

ABOU ZEID (Nasr Hamid). — Intellectuel égyptien, réformiste notamment dans son ouvrage *Naqd al khitab addini* (Critique du discours religieux, 1999). Il est déclaré apostat et menacé de mort par les islamistes pour avoir voulu adopter une approche historicisante du texte coranique. Il a quitté l'Égypte en 1995 et s'est installé en Europe (Pays-Bas) après que la Haute Cour d'Égypte eut prononcé sa séparation de son épouse sur la base du principe de la *Chari'a* stipulant qu'un musulman ou une musulmane ne peut épouser un apostat.

ABYAKAN (Abdel Mouhssen). — Célèbre juge saoudien contemporain très connu par ses positions contre radicaux et jihadistes. Il a appelé à cesser le combat contre les Américains (sous la forme du *jihad*) en Irak tant que les musulmans ne seront pas préparés militairement.

ACHMAOUI (Mohamed Saïd). — Juge et penseur laïque égyptien, né en 1932. Parmi ses ouvrages: *L'islamisme contre l'Islam, Le califat musulman* et *L'essence de l'Islam*.

AFGHANI (Jamal Eddine Al) (1838-1897). — Réformateur et activiste politique musulman, d'origine afghane qui a vécu en Égypte. Tout au long de sa vie, Al Afghani prônait le lien islamique pour résister au colonisateur occidental, et les motivations religieuses des musulmans pour les amener à résister à l'invasion occidentale sur le plan politique, économique et surtout culturel. Parmi ses ouvrages: *Tatimmat Al Bayân fî Târîkh Al Afghan* (Exposé complet de l'Histoire des Afghans). En 1884, à Paris, avec Mohamed Abdou, il publie une revue en arabe, *Al 'Urwa al Wuthqa* (Le Lien indissoluble), dont une vingtaine de numéros a paru.

ALI (env. 600-661). — Troisième calife de l'islam (656-661), cousin et gendre du prophète Mahomet. Son investiture comme calife a fait éclater plusieurs divergences (le début de la Grande Discorde en islam). Il a été assassiné par les kharidjites. Le personnage d'Ali jouit d'un grand respect dans le monde musulman, surtout par les chiites, qui le vénèrent en tant que premier imam.

AMIN (Qasim) (1863-1908). — Juriste égyptien et un des premiers grands défenseurs des droits des femmes dans la société arabo-musulmane. Amin a critiqué la situation féminine dégradée et a prôné l'instruction des femmes à un niveau équivalent à celui des hommes. Parmi ses ouvrages: *La libération des femmes* et *La nouvelle femme*.

ANSARY (Abdel hamid, Al). — Penseur libéral et académicien qatari, recteur de l'Université de la *Chari'a*, du droit et des études islamiques. Parmi ses ouvrages: *Les droits de la femme en Islam, La Choura et ses empreintes dans la démocratie* et *L'organisation du pouvoir en Islam*.

ANTOUN (Farah) (1874-1922). — Intellectuel de la *Nahda* d'origine libanaise, un des représentants les plus connus des idées séculières. Une grande partie de ses textes, ses articles et ses discussions concernant la religion n'ont pas pu être réimprimés dans la plupart des pays arabes. Parmi ses ouvrages: *Averroès et sa philosophie* et *La religion, la science et l'argent*. Son dialogue avec Mohamed Abdou sur «L'oppression en islam et dans le christianisme» est resté célèbre.

ARKOUN (Mohamed). — Philosophe, islamologue et historien algérien, né en 1928. Professeur émérite d'histoire de la pensée islamique à la Sorbonne (Paris-III) et professeur visiteur dans les Universités d'Amsterdam (Pays-Bas) et de Princeton (É.-U.). Il a publié de nombreux ouvrages dont *L'Humanisme arabe au Xe siècle, Lectures du Coran, Pour une critique de la raison islamique* et *La Pensée arabe*.

Averroès (nom latinisé d'Ibn Rochd) (Abou Al Walid). — (De Cordoue, Andalousie, 1126-1198). Le plus important philosophe musulman connu en Occident. Il commenta les œuvres d'Aristote: aussi le nommait-on le Commentateur (*Al chareh*). Il explique le lien entre la religion et la philosophie dans son ouvrage majeur: *Fasl al maqal* (Traité décisif). Le philosophe de Cordoue avance qu'il n'y a pas de contradiction entre la philosophie et la loi divine, «*le vrai ne peut contredire le vrai*». Sa pensée n'a pas plu aux autorités qui l'ont déclaré hérétique et condamné.

Awa (Mohamed Selim, Al). — Penseur islamiste égyptien, né en 1942. Juriste de formation, il fut avocat et professeur à l'université. Parmi ses ouvrages: *Du système politique de l'État islamique* et *Des fondements du système pénal islamique.*

Bakr (Abou) (env. 570-634). — Premier calife de l'islam (de 632 à 634), beau-père et successeur direct du prophète Mahomet. Sous son califat, un mouvement sécessionniste politico-religieux est déclenché par plusieurs tribus après la mort de Mahomet (*Ridda*). Abou Bakr a consacré les deux années de son califat à mettre fin à la sécession.

Banna (Jamal Al). — Écrivain islamiste égyptien, né en 1920, frère cadet de Hassan Al Banna. Fondateur du «Parti travailliste national», en 1946, devenu par la suite le «Groupe travailliste national et social». Il est considéré comme un des premiers activistes islamistes dans le domaine des droits de la personne. Il est l'auteur d'une centaine d'ouvrages dont: *L'après Frères musulmans*, *L'essence de l'Islam* et *La femme musulmane entre la libération du Coran et la restriction des juristes.*

Banna (Hassan Al) (1906-1949). — Activiste islamiste égyptien qui fonda l'association des «Frères Musulmans» en 1929. Pour lui, l'islam propose des solutions à toutes les affaires humaines dans les domaines privé et public. Son ambition était de restaurer le califat musulman en terre d'islam et de rendre la religion centrale dans l'État et la société. Al Banna fonda des écoles, des bibliothèques, etc.

Ben Laden (Oussama). — Chef et fondateur d'Al Qaïda. D'origine yéménite, né en 1957 à Riyad (Arabie saoudite), il est issu d'une famille riche, et il était lui-même un homme d'affaires. Il a rejoint les combattants moudjahiddines en Afghanistan, en 1979.

Bichri (Tareq Al). — Penseur islamiste et juriste égyptien né en 1933. Parmi ses ouvrages: *Le mouvement politique en Égypte: 1945-1952*, *Démocratie et Nassérisme* et *Entre islam et arabité.*

Boukhari (Mohammed ibn Ismâil ibn Al-Moughîran, Al) (810-870). — Né à Boukhara, Turkestan. Le plus important compilateur des *hadiths* pour l'islam sunnite, dont la collection la plus célèbre est appelée *Sahih Bukhari*. Ce texte est, après le Coran, le document le plus respecté par les sunnites et il est considéré comme l'œuvre la plus authentique dans le domaine de la littérature du *hadith*.

CHAFIQ (Mounir). — Penseur et stratège d'origine palestinienne, né en 1936. Cet ancien marxiste (1951-1965) et ancien responsable du mouvement palestinien Fatah (1968-1971) est aujourd'hui un des penseurs islamistes les plus connus. Parmi ses ouvrages: *Al islam fi ma'rakat al hadara* (L'Islam et la bataille de la civilisation) et *Fi nadhariat attaghyir* (Des théories du changement).

CHAMS EDDINE (Mohamed Mehdi) (mort en 2001). — Ancien président du Conseil supérieur chiite au Liban. Considéré comme modéré et très ouvert au dialogue. Parmi ses ouvrages: *Organisation du pouvoir et de l'administration en Islam, Le monopole économique dans la Chari'a, Les questions délicates du droit musulman de la femme* et *Les commandements*.

DJAÏT (Hicham). — Historien et penseur tunisien, né en 1935. Parmi ses ouvrages: *La personnalité arabo-musulmane et le devenir arabe, L'Europe et l'Islam, La «Grande Discorde»* et *Crise de la culture islamique*.

FADLALLAH (Mohamed Hussein). — Savant et autorité religieuse de l'islam chiite duodécimain, né à *an-Najaf al-Achraf* (en Iraq). Fadlallah est ouvert aux autres courants de l'islam sur les questions légales, politiques, intellectuelles et doctrinales. Parmi ses ouvrages: *Min wahi al-Qur'ân* (Idées inspirées du Coran).

FOUDA (Farag) (1945-1992). — Penseur égyptien qui a lutté contre le fondamentalisme. Entre 1984 et 1992, il a écrit huit livres sur le danger du radicalisme islamique. Laïc convaincu, Farag Fouda a été assassiné en 1992, par un islamiste sur la base d'une *fatwa*. Parmi ses ouvrages: *La vérité absente, Le mariage temporaire* et *Avant la chute*.

GHALIOUN (Burhan). — Penseur syrien installé en France. Directeur du Centre d'Études sur l'Orient contemporain et professeur de sociologie à Paris, auteur notamment de *Le malaise arabe, L'État contre la nation* et *Islam et politique, la modernité trahie*.

GHANNOUCHI (Rached Al) (Né en 1941). — Penseur islamiste tunisien. Fondateur en Tunisie du mouvement islamiste *An-nahda*. Auteur de plusieurs études: *Nous et l'ouest, Le mouvement et la modernité islamique, La femme entre le Coran et la réalité de la société, Les principes fondamentaux de la démocratie et le gouvernement islamique.* Plusieurs fois emprisonné en Tunisie, Al Ghannouchi est l'un des penseurs et activistes islamistes contemporains les plus importants.

GHAZALI (Abou Hamed, Al) (1058-1111). — Penseur musulman d'origine persane. Son nom latinisé est *Algazel.* C'est une figure incontournable dans la pensée arabo-musulmane. Il fut un grand théologien de l'islam, conseiller du calife de Bagdad, puis théoricien du droit. Parmi ses ouvrages: *Ihya' 'Ouloum al-Din* (Revivification des sciences de la religion) et *Tahafut 'al-Falasifa* (Incohérence des philosophes). Ce dernier ouvrage constitue une critique acerbe des philosophes et des thèmes abordés dans la philosophie, dans une approche défensive de l'islam traditionnel.

GHAZALI (Mohamed Al) (1917-1996). — Penseur de l'islam traditionaliste égyptien, qui était proche de Hassan Al Banna. Il a notamment enseigné à la mosquée et à l'Université d'El Amir Abdel Kader, à Constantine, en Algérie, et a œuvré pour le dialogue islamo-chrétien. Parmi ses ouvrages: *Défense de la Aqida (le dogme) et de la Shari'a de l'Islam contre les atteintes des orientalistes, Aqidat al mouslim* (Le dogme du musulman) et *M'a Allah* (Avec Dieu).

HANBAL (Ibn) (780-855). — Fondateur de la quatrième école de jurisprudence sunnite et la plus rigoriste, l'imam Ahmad Ibn Hanbal légua à la pensée islamique plusieurs ouvrages dont *Al-Musnad,* un immense recueil de *hadiths, Az-Zuhd* (L'ascétisme), *An-Nâsikh wal-Mansûkh* (L'abrogeant et l'abrogé) et *Al-'Ilal* (Les défauts).

JABRI (Mohamed Abed, Al). — Penseur et philosophe marocain, né en 1935. Il est l'un des plus grands penseurs arabes contemporains, grâce notamment à sa monumentale *Naqd al-'aql al-'arabî* (Critique de la raison arabe), en quatre tomes. Ce projet, commencé au début des années 1980, a eu une influence décisive dans plusieurs disciplines des sciences humaines et sociales dans le monde arabe. Ses thèses s'avèrent incontournables pour comprendre la genèse et les mécanismes de la pensée arabe. Parmi ses principaux ouvrages: *Nahnu wa al-turâth. Qirâ'ât mu'âsira fî turâthinâ al-falsafî* (Nous et notre tradition. Lectures contemporaines de notre tradition philosophique) et *Al-Turâth wa al-hadâtha* (Tradition et modernité).

KATHIR (Ibn) (mort en 1373). — Commentateur et historien du Coran au XIVe siècle. Il a écrit plusieurs ouvrages, dont *Tafsir Ibn Kathîr,* une des meilleures exégèses du Coran. Il est aussi l'auteur du livre d'histoire connu sous le nom de *Al-bidâyah wan-nihâyah* et d'une biographie du Prophète: *Al-fousoul fiktisâr siratir-Rasoul.*

KAWAKIBI (Abd al-Rahman, Al) (1849-1903). — Intellectuel syrien, Al Kawakibi a professé des idées nationalistes et de liberté dirigées contre le sultan ottoman. Dans son ouvrage *Um al-Qura* (La Mère des cités), il postule que le patriotisme est au-dessus des différences ethniques et religieuses. Mais son ouvrage principal reste *Taba' al-Istibdad* (Les caractéristiques du despotisme), qui a eu une influence majeure sur la conscience nationale des peuples de l'Orient arabo-musulman.

KHALDOUN (Abdul Rahman, Ibn) (1332-1406). — Sociologue, historien et philosophe de l'Afrique du Nord. Il est considéré comme la figure la plus importante de la pensée arabo-musulmane. L'ouvrage qui a fondé sa gloire est la *Muqaddima*, prolégomènes à la grande histoire universelle, le *Kitab al-'Ibar* (Le livres des exemples). Cet ouvrage est une introduction méthodologique à l'histoire. Son auteur pense que les sociétés doivent leur existence au pouvoir de la cohésion sociale. Au cours de sa vie, Ibn Khaldoun parcourut les royaumes berbères du Maghreb et séjourna en Andalousie. Il était ministre, juge et diplomate. Pourtant, sa vie fut difficile et il connut plusieurs déceptions et déboires.

LAKHDAR (Afif). — Intellectuel tunisien, né en 1934. Ancien avocat et ancien marxiste, il vit actuellement en France et écrit pour plusieurs journaux arabes. Son ouvrage principal est *La position vis-à-vis de la religion*. Il soutient dans ses thèses le rationalisme et le libéralisme.

LAROUI (Abdallah). — Historien et théoricien politique marocain, né en 1933. Auteur de plusieurs ouvrages, allant de l'histoire et l'analyse critique des mécanismes de la pensée et de l'idéologie arabo-musulmanes aux écrits romanesques, en passant par des textes autobiographiques: *Islam et Histoire*, *Islam et modernité*, *L'idéologie arabe contemporaine* et *Mafhoum Al-'aql* (Le concept de la raison). Laroui s'intéresse aux schèmes de la pensée et aux modèles de comportement de la tradition arabo-musulmane savante, orale ou écrite.

MAHALLI (Jalal al-Din, Al) (1389-1459). — Savant et commentateur du Coran et du *hadith*. Il commença le célèbre commentaire du Coran (*Tafsir al-jalalayne*) que son élève Jalal-al-Din al-Suyuti termina après lui.

MAHFOUDH (Naghib) (1911-2006). — Romancier égyptien. Au cours de sa carrière qui s'étend sur près de soixante ans, il a publié plus de cinquante romans et recueils de nouvelles dans lesquels il critique le social et le religieux. Ce qui lui attira la colère des islamistes. Prix Nobel de littérature en 1988. Parmi ses romans: *Zuqâq al-midaqq*

(Passage des Miracles) et (La Trilogie du Caire): vol. I: *Bayn al-Qasrayn* (Impasse des Deux-Palais), vol. II: *Qasr al-Chawq* (Le Palais du désir), vol. III: *Al-Sukkariyya* (Le Jardin du passé).

MAOUDOUDI (Abou Al A'la, Al) (1903-1979). — Un des théologiens musulmans les plus influents du XXe siècle et un des premiers penseurs à formuler l'idée du *jihad* en tant que devoir fondamental pour tout musulman dans le monde. Il est un des fondateurs du *Jamaat-e-Islami* (parti islamique) au Pakistan. La pensée d'Al Maoudoudi, sa productivité littéraire et son activisme inlassable ont contribué au développement des mouvements politiques et sociaux islamiques partout dans le monde. Ses idées ont profondément influencé Sayyed Qutb. Parmi ses ouvrages: *Tafhim al-Qur'an* (Explication du Coran), *Khilafat wa Mulukiyyat* (Le califat et la monarchie) et *Al-Hijab*.

MARZOUKI (Moncef). — Intellectuel arabe et dirigeant de la Commission arabe des droits de l'homme. Neurologue et professeur à la Faculté de médecine de Sousse, en Tunisie. Né en 1945, Marzouki a publié une vingtaine de livres en arabe et en français sur les droits de l'homme et le problème de la démocratisation dans les pays arabo-musulmans, et sur la médecine. Parmi ses ouvrages: *Le mal arabe entre dictatures et intégrismes: la démocratie interdite*, *Arabes, si vous parliez...*, et en arabe: *Est-ce que nous méritons la démo-cratie?*

MU'ÂWÎYA (ou Mouawia) (603-680). — Fondateur et premier calife de la dynastie des Omeyyades en 661. Sous son règne, le califat est devenu plus institutionnalisé et fort et le pouvoir est devenu dynastique. Sa confrontation avec Hassan, le fils d'Ali (mort empoisonné), est restée sujet à débat entre chiites et sunnites.

MUSLIM (ou Mouslim) (Abul Husayn Mouslim ibn al-Hajjaj Qushayri al-Nisaburi) (821-875). — Musulman d'origine arabe, né à Nishapur (Iran). Auteur de *Sahih Mouslim*, le deuxième plus important recueil de *hadiths* pour l'islam sunnite, après celui d'Al Boukhari. Son livre, considéré comme une des collections de *hadiths* les plus authentiques, comprend une introduction méthodologique sur le *hadith* et sur la manière de différencier les récits authentiques et non authentiques.

MAWARDI (Abou Al Hassan, Al) (972-1058). — Célèbre juriste de l'école shaféite de Bagdad (Irak) et théoricien politique. Dans son ouvrage fondamental intitulé *Les Statuts gouvernementaux*, il expose les bases sur lesquelles repose l'autorité suprême (le califat), ses limites, les organismes dont elle dispose ainsi que les moyens auxquels elle a recours pour mieux gouverner.

NABI (Malek Ibn) (1905-1973). — Penseur algérien de formation scientifique (ingénieur en électricité). Avec sa vision futuriste du monde et ses analyses de la société musulmane à travers le vécu et les événements internationaux, il développa l'idée de la «colonisabilité» (*al qabila lil isti'mar*), un concept selon lequel seule une société prête à l'être peut être colonisée. Parmi ses ouvrages: *Les conditions de la renaissance*, *Les problèmes des idées dans le monde musulman* et *Idée d'un commonwealth islamique*.

NABOULSI (Shaker). — Intellectuel jordanien, né en 1940, vivant aux États-Unis. Naboulsi se considère lui-même comme un néo-libéral. Parmi ses ouvrages: *La pensée arabe au XXᵉ siècle* (trois tomes), *Révolution de la tradition* et *Oreiller de neige: les Arabes et la politique américaine*.

OMAR (581-644). — Deuxième calife de l'islam (634-644). Sous son califat, l'islam a connu une expansion grâce notamment à plusieurs victoires: celle du Yarmukuk (636) contre l'empire byzantin, puis de Qadisiya (637) et de Nihawend (640) contre l'empire sassanide, et grâce à la conquête de l'Égypte (642). Il a connu un essor considérable dans l'organisation politique et sociale de l'État (armée structurée, administration et magistrature).

OTHMAN (644-656). — Troisième calife de l'islam (644-656) choisi de préférence à Ali, ce qui a suscité des mécontentements autour de lui. Sous son califat, le Coran a été pour la première fois rassemblé en un seul exemplaire officiel. Othman s'attira l'antipathie d'un certain nombre de ses sujets qui assistaient à l'ascension de l'aristocratie de sa tribu dans les affaires politiques et commerciales. C'est ce qui a poussé plusieurs troupes musulmanes rebelles, venues d'Irak et d'Égypte, à assiéger Othman à Médine et à l'assassiner.

OUMLIL (Ali). — Penseur marocain, auteur de *La question de la culture*, *Pouvoir culturel et pouvoir politique* et *Dans la légitimité de la divergence*.

QARADAOUI (Youssef Al). — Égyptien, né en 1926, Al Qaradaoui est considéré comme le savant religieux le plus écouté par les musulmans grâce à ses émissions télévisées hebdomadaires: *Hady Al-Islâm* (La Guidance de l'Islam), sur la chaîne nationale du Qatar et surtout *Ash-Sharî'ah Wal-Hayâh* (La législation islamique et la vie), sur la chaîne panarabe Al Jazeera. Il est l'auteur de plus de quatre-vingts ouvrages dont: *Al-Halâl wal-Harâm fîl-Islâm* (Le licite et l'illicite en Islam), *Fatâwâ Mu'âsirah* (*Fatwas* contemporaines), *Al-Ijtihâd fî Ash-Sharî'ah Al-Islâmiyyah* (L'*Ijtihâd* dans la loi islamique) et *Mushkilat*

Al-Faqr wa Kayfa 'Âlajahâ Al-Islâm (Le problème de la pauvreté et sa solution islamique).

QATADA (Abou) (Omar ibn Mahmoud Abou Omar). — Activiste islamiste d'origine palestinienne. À la fin de la première guerre d'Afghanistan, il émigre en Europe pour former de futurs salafistes. Installé à Londres avec sa famille, il obtient le statut de réfugié politique en juin 1994. Accusé par le gouvernement britannique d'avoir «inspiré» les attentats du 11 septembre 2001, il est détenu à Londres depuis 2002.

QAYYIM (Ibn Al) (1292-1350). — Théologien musulman, appelé aussi Ibn Al-Qayyim al-Jawziyya, influencé par Ibn Taymiya qui fut son maître pendant longtemps. Parmi ses ouvrages: *Asrar as-salat* (Les secrets de la religion) et *Al-Fawâyid* (Les intérêts).

QOMNI (Sayyed). — Historien marxiste égyptien, né en 1947, auteur de nombreux ouvrages contre les thèses islamistes sur l'histoire musulmane: *Le parti hachémite et la constitution de l'État islamique, Les guerres de l'État du Prophète: Badr et Ohoud* et *Le mythe et la tradition*. Al Qomni a renoncé à son travail d'écrivain après avoir reçu des menaces de mort de la part d'islamistes égyptiens.

QUTB (Sayyed) (1906-1966). — Intellectuel et auteur islamiste égyptien connu pour son travail théorique sur le rôle du fondamentalisme islamique dans le changement social et politique. À partir des années 1950, Qutb insista sur la nécessité de se révolter contre les dirigeants. Son ouvrage *Fi zilal Al-Qur'an* (À l'ombre du Coran) a contribué sensiblement à former les perceptions modernes des concepts islamiques tels que le *jihad*, le *Jahiliyya* et la *Umma* (voir le glossaire).

SAADAOUI (Nawal). — Intellectuelle et principale figure féministe égyptienne, né en 1931. Les romans et essais de cette sociologue et psychiatre sur la situation des femmes ont eu un effet profond sur les générations successives des jeunes femmes pendant les quatre dernières décennies. Elle a écrit notamment: *Mémoires de la prison des femmes, La Face cachée d'Ève* et *Femmes égyptiennes: tradition et modernité*.

SALAMA (Moussa) (1887-1958). — Journaliste et réformateur égyptien dans les années 1920. Issu d'une famille chrétienne copte, Moussa est connu pour le large intérêt qu'il porte à la science et à la culture. En 1908, il a voyagé en Europe où il a étudié la littérature et la philosophie. Moussa a appartenu à un groupe d'intellectuels qui ont énergiquement exigé la simplification de l'arabe. Parmi ses ouvrages: *L'éducation de Salama Moussa, La renaissance européenne* et *Les rêves de la philosophie*.

SAïD (Jaoudat). — Penseur islamiste d'origine syrienne, né en 1931. Parmi ses études: *Lis! Ton Seigneur est le Très Noble*, *Le travail: capacité et vouloir* et *Jusqu'à ce qu'ils changent ce qui est en eux-mêmes*, dans lesquels il montre que la non-violence est fondée en islam.

SAYYED (Radouan). — Penseur libanais, né en 1949, professeur en études islamiques à l'Université libanaise et professeur invité dans plusieurs universités occidentales (Harvard, Chicago, Munster, Salzburg, etc.) Parmi ses ouvrages: *La lutte sur l'Islam*, *Les politiques de l'Islam contemporain* et *La communauté, le groupe et le pouvoir*.

SHÂTIBÎ (mort en 1420). — Savant et théologien arabo-andalou qui a renouvelé la pensée islamique. Shâtibî est né, a vécu toute sa vie et est mort à Grenade en Espagne. Sa contribution magistrale à la pensée arabo-musulmane réside dans sa théorie des finalités du droit islamique qu'il développe dans son ouvrage *Al-Muwafaqat* (Les convergences).

SUYUTI (Jalal al-Din, Al) (1445-1505). — Juriste soufi, philologue et historien, considéré comme le rénovateur du Xe siècle islamique, le premier maître de *hadith*. Parmi ses ouvrages: *Tarikh al-khulafa* (L'histoire des califes) et *Al-Khulafah Ar-Rashidun* (Les califes bien guidés).

TABARI (839-923). — Historien musulman et exégète du Coran. Ses ouvrages les plus intéressants sont *Tarikh al oumam wa al moulouk* (L'histoire des rois et des peuples), une narration annuelle de l'histoire du monde musulman durant les trois premiers siècles de l'hégire, et son exégèse du Coran (*Tafsir a-tabari*).

TAHA (Hussein) (1889-1973). — Romancier, essayiste et critique littéraire égyptien. Parmi ses ouvrages: son autobiographie, *Al-Ayyam* (Les jours) et *De la poésie préislamique*, un ouvrage dans lequel il a émis des doutes sur l'authenticité de la littérature poétique arabe de cette période. Dans ce livre, il a également laissé entendre indirectement que le Coran ne devrait pas être pris comme source objective d'histoire. Son livre a été interdit, mais plus tard a été publié avec de légères modifications sous le titre *De la littérature préislamique*.

TAHTAOUI (Rifaa) (1801-1874). — Penseur égyptien, grand traducteur de manuels scientifiques. L'objectif majeur que Tahtaoui s'est fixé dans tous ses travaux est la renaissance et le rayonnement de la civilisation arabo-musulmane tout en prônant la liberté et le patriotisme. Son ouvrage le plus célèbre est *Takhlis al ibriz ila talkhiss Bariz*, paru en 1834, où il relate son voyage en France et compare l'Occident et l'Orient.

TANTAOUI (Mohamed Sayyed) (Né en 1928). — Grand imam, *mufti* d'Égypte depuis 1986 et Cheikh d'Al-Azhar, depuis 1996. Il a œuvré pour le dialogue islamo-chrétien.

TAYMIYA (Ibn) (1263-1328). — Théologien musulman et un des plus grands jurisconsultes de l'islam, apparenté à l'école hanbalite rigoriste. Il est l'auteur de nombreux ouvrages religieux, dont *Dar'u ta'ârudh il-'aqli wan-naql* (Réfutation de l'opposition entre raison et révélation) et *At-Tawassulu wal-wacîlah* (Intercession licite, intercession interdite), notamment en ce qui concerne le culte des saints. Ibn Taymiya est appelé *Cheikh al-Islâm*, un titre parmi les plus hauts donnés aux *Ûlémas* de l'islam.

TOURABI (Hassan). — Penseur islamiste soudanais, né en 1932. Parmi ses ouvrages: *La Prière, pilier de l'islam, Terminologie politique en Islam* et *Nécessité de l'autocritique du mouvement islamiste.* En 2006, Tourabi est accusé d'apostasie pour avoir émis une *fatwa* autorisant le mariage des femmes musulmanes avec des chrétiens ou des juifs.

WAHHAB (Mohamed Ibn Abdel) (1703-1792). — Prédicateur fondateur du wahhabisme, né dans le Nedjd (Arabie saoudite actuelle). Il a fait des études religieuses à Médine, à Bagdad et Damas. Il était versé dans la doctrine hanbalite la plus rigoriste, revue par Ibn Taymiya. À son retour en Arabie, il commença à prêcher un islam puritain. Parmi ses ouvrages: *Les preuves de l'unicité* et *Le livre de l'élucidation des ambiguïtés.*

ZAGHLOUL (Saad) (1859-1927). — Premier ministre égyptien de janvier à novembre 1924. Avec les forces nationalistes (et son parti, le Wafd), Saad Zaghloul a mené l'Égypte à l'indépendance. Son arrestation par les autorités anglaises a déclenché de violentes émeutes, le 9 mars 1919 (la première révolution d'Égypte, qui a fait 800 morts). Exilé à Malte, il fut libéré par les Anglais, le 7 avril 1919. Après plusieurs arrestations et exils, Zaghloul se présente aux élections de 1924 sous la bannière du Wafd. Il devient président du Parlement égyptien en 1926.

ZARQAOUI (Abou Moussab, Al) (1966-2006). — Jordanien, chef d'Al Qaïda en Irak, tué dans ce pays, en 2006. Son organisation, *Al-Tawhid*, avait été acceptée sous la coupole d'Al Qaïda en décembre 2004.

ZAWAHIRI (Ayman, Al). — Principal idéologue du réseau Al Qaïda, né en 1951. Chirurgien égyptien, membre du groupe du *Jihad islamique* de son pays natal. Il est considéré comme le lieutenant d'Oussama Ben Laden. Il s'inspire principalement de Sayyed Qutb et de ses écrits contre l'Occident.

TABLE DES MATIÈRES

Achevé d'imprimer
sur les presses de
Imprimerie H.L.N.
Imprimé au Canada · Printed in Canada